健美负重训练

BODYBUILDING AND WEIGHT TRAINING

刘一阳 著

中山大学出版社
SUN YAT-SEN UNIVERSITY PRESS
·广州·

版权所有　翻印必究

图书在版编目（CIP）数据

健美负重训练/刘一阳著. —广州：中山大学出版社，2020.8
ISBN 978-7-306-06914-6

Ⅰ.①健… Ⅱ.①刘… Ⅲ.①健美运动 Ⅳ.①G883

中国版本图书馆 CIP 数据核字（2020）第 135771 号

JIANMEI FUZHONG XUNLIAN

出 版 人：	王天琪
策划编辑：	王旭红
责任编辑：	王旭红
摄　　影：	林海
封面设计：	铁　林　曾　婷
版式设计：	铁　林
责任校对：	叶　枫
责任技编：	何雅涛
出版发行：	中山大学出版社
电　　话：	编辑部 020-84111996，84113349，84111997，84110779
	发行部 020-84111998，84111981，84111160
地　　址：	广州市新港西路 135 号
邮　　编：	510275　　传　　真：020-84036565
网　　址：	http://www.zsup.com.cn　E-mail：zdcbs@mail.sysu.edu.cn
印 刷 者：	佛山市浩文彩色印刷有限公司
规　　格：	787mm×1092mm　1/16　11 印张　135 千字
版次印次：	2020 年 8 月第 1 版　2020 年 12 月第 4 次印刷
定　　价：	39.00 元

如发现本书因印装质量影响阅读，请与出版社发行部联系调换

前　言

健美运动，英文原意是身体建设的运动（bodybuilding exercise），是指通过徒手或利用各种器械，依据人体生理功能与运动训练学特点，针对个人体质、体形的不同情况，按照健美运动的科学训练方法，用以增强体质、发达肌肉、塑造体型、陶冶情操、促进身心健康等有目的的训练过程。它不仅是表现人体健、力、美的体育运动项目，也是体育与美育、外在美与内在美很好地融合在一起的竞技体育运动项目。

现代健美运动最早起源于欧洲，它是在举重运动的基础上产生并发展起来的。德国著名的大力士尤金·山道（Eugene Sandow，1867—1925）为创建和发展健美运动做出了历史性的贡献，后人尊称他为现代健美运动的开山鼻祖。健美运动经历一个多世纪的发展变化，已成为一项世界性竞技体育运动。1998年1月30日，国际奥委会执行委员会会议正式承认国际健美联合会，接纳健美运动为奥林匹克大家庭的一员。此后，各类竞技健美比赛在世界各国广泛开展起来。目前，在国际上举行的大型健美赛事有各洲际健美锦标赛和健美世界锦标赛，多哈亚运会曾设有竞技健美比赛项目。世界顶级职业赛事项目有阿诺德传统赛和奥林匹亚先生大赛等。

在 20 世纪 20 年代末，现代竞技健美运动由欧美传入中国。经过 90 多年的发展变化，健美运动已成为我国全民健身运动中，群众喜闻乐见的大众化健身项目。但是，就健美运动竞技化水平来看，近年来，虽然中国健美运动员在国际大型健美赛事上取得了一些成绩，但与竞技健美运动强国相比，还存在较大差距。要缩小竞赛差距，赶上世界健美运动强国的水平，应研究和分析制约健美运动发展的关键点是什么。从当今世界健美运动发展的趋势看，目前我国竞技健美运动的薄弱点主要还是在专项力量训练方面。

竞技健美运动作为以肌肉围度和肌肉力量水平为主导的具有高度艺术性和观赏性的体育项目，其专项力量训练水平对于增强运动员的竞技能力、提高竞赛成绩起着至关重要的作用。

因此，本书通过对国内外现有竞技健美运动基本理论的研究，借助实验数据分析，对专项力量训练中不同负重训练模式，在训练负荷量、训练强度及其对运动员机体的影响，日常负重训练的饮食营养与备赛期饮食结构等方面进行对比研究，试图探索出一套适合我国优秀健美运动员专项力量训练的科学模式，为提高优秀竞技健美运动员的训练水平和竞赛能力提供具有实践性的理论依据。

目 录

第一章 健美负重训练概念综述 ……………………… 1

第一节 认识健美负重训练 ………………………… 3
一、健美运动项目特征 …………………………… 3
二、健美负重训练与一般力量训练的区别 …………… 4

第二节 健美负重训练模式 …………………………… 7
一、健美负重训练模式的形成 …………………… 7
二、高负荷训练与高强度训练模式 ……………… 14
三、不同负重训练模式对机体的影响 …………… 17

第二章 健美运动员体能评价模型的构建 ………… 23

第一节 参数筛选与指标体系构成 …………………… 25
一、评价参数的筛选标准 ………………………… 25
二、筛选的方法与步骤 …………………………… 26
三、体能指标体系构成 …………………………… 32

第二节 受试运动员体能评价的数据测试 …………… 34
一、受试运动员身体形态的测试 ………………… 34
二、受试运动员身体机能的测试 ………………… 40
三、受试运动员运动素质的测试 ………………… 43

第三节　对受试运动员体能测试数据的分析与评价 …… 47
　　一、受试运动员身体形态的数据分析……………… 47
　　二、受试运动员身体机能的数据分析……………… 49
　　三、受试运动员运动素质的数据分析……………… 50
　　四、对受试运动员体能状态测试结果的评价……… 52

第三章　健美运动员高负荷负重训练模式 ……………… 55

第一节　高负荷训练模式的概念与特征 …………………… 57
　　一、高负荷训练模式的概念………………………… 57
　　二、高负荷训练模式的特征………………………… 63
第二节　高负荷训练模式效能测试 ………………………… 67
　　一、对高负荷训练模式的测试安排………………… 67
　　二、受试运动员主要生化指标的变化分析………… 70
　　三、受试运动员身体成分指标的变化分析………… 72
　　四、受试运动员身体形态指标的变化分析………… 75
第三节　高负荷训练模式效能分析与评价 ………………… 77
　　一、效能分析………………………………………… 77
　　二、效能评价………………………………………… 79

第四章　健美运动员高强度负重训练模式 ……………… 81

第一节　高强度训练模式的概念与特征 …………………… 83
　　一、高强度训练模式的概念………………………… 84
　　二、高强度训练模式的特征………………………… 86
第二节　高强度训练模式效能测试 ………………………… 87
　　一、对高强度训练模式的测试安排………………… 87

二、受试运动员主要生化指标的变化分析…………………… 89

　　三、受试运动员身体成分指标的变化分析…………………… 91

　　四、受试运动员身体形态指标的变化分析…………………… 93

第三节　高强度训练模式效能分析与评价……………… 95

　　一、效能分析…………………………………………………… 95

　　二、效能评价…………………………………………………… 98

第五章　高负荷与高强度训练模式效能对比 ………… 99

第一节　单次高负荷与高强度训练对机体影响的

　　　　　对比 ………………………………………………… 101

第二节　阶段性高负荷与高强度训练对机体影响的

　　　　　对比 ………………………………………………… 103

　　一、阶段性训练后两组受试运动员生理生化指标变化

　　　　对比 ………………………………………………………… 103

　　二、阶段性训练后两组受试运动员身体成分变化对比 …… 104

　　三、阶段性训练后两组受试运动员一般运动能力变化

　　　　对比 ………………………………………………………… 109

　　四、阶段性训练后两组受试运动员专项运动能力变化

　　　　对比 ………………………………………………………… 114

　　五、阶段性训练后两组受试运动员身体形态变化对比 …… 116

第三节　高负荷与高强度训练模式效能综合评价与

　　　　　结论 ………………………………………………… 118

　　一、效能对比的综合评价 ………………………………… 118

　　二、结论 …………………………………………………… 119

第六章　健美负重训练的饮食营养 ……… 123

第一节　日常健美负重训练的饮食营养 ……… 125
一、饮食营养素的构成与能量消耗 ……… 125
二、负重训练期间的饮食安排 ……… 127

第二节　高水平健美运动员备赛期的饮食营养 ……… 128
一、备赛期的饮食计划 ……… 129
二、对备赛期饮食计划效能评估 ……… 133

参考文献 ……… 135

附　录 ……… 142

附录1　高负荷训练与高强度训练对运动员机体影响指标一览 ……… 142
附录2　人体骨骼肌示意图 ……… 144
附录3　男子健美竞赛规定动作造型 ……… 146
附录4　健美负重训练动作规范示意图 ……… 148
附录5　作者科研成果与体育竞赛成绩 ……… 162

后　记 ……… 165

第一章
健美负重训练概念综述

第一节　认识健美负重训练

一、健美运动项目特征

从健美运动的起源和发展历程看，现代健美运动是举重运动的一个分支（见表1-1）。在竞技体育长期发展过程中，早期的举重运动已经一分为三，并成为三个相对独立的体育运动项目，即：竞技举重项目，又称奥林匹克举重项目；竞技健美运动项目，又称健身运动；竞技力量举重项目。这三个竞技体育运动项目，现在都已成为独立的竞赛项目，并都有各自的竞赛规则、国际竞赛组织和世界锦标赛等国际赛事。

表1-1　由举重运动分化的三个独立体育运动项目

举重运动分类	竞技举重	竞技健美运动	竞技力量举重
竞赛内容	抓举、挺举	规定动作、自选动作	后深蹲、卧推、硬拉
国际组织及其成立年份	国际举重联合会（IWF）1920年成立	国际健美联合会（IFBB）1946年成立	国际力量举重联合会（IPF）1972年成立
世界性赛事	奥运会、世界锦标赛	业余、职业世界锦标赛	世界锦标赛

从举重运动分化出来的竞技举重、竞技健美运动和竞技力量举重，虽然在竞赛规则、竞赛形式上各有不同，但是，这三个项目的基础训练仍然以负重训练为主。

而现代健美运动是在举重运动训练的基础上，以力量训练和发达肌肉相结合，从单纯追求举起重量为目的，拓展到通过徒手和负重训练，以塑造优美体型为最终目标；它不仅注重"健"，而且强调"美"，已成为把体育和美育融为一体的运动项目。因此，竞技健美运动作为一项体育运动竞赛项目，除了具有一般体育活动所共有的锻炼身体、增强体质的特征外，还能有针对性地发达身体各部位的肌肉，改善形体、陶冶情操。

二、健美负重训练与一般力量训练的区别

我国健美运动领域著名学者张先松教授指出："健美训练模式，就是以理想的最佳运动员的最高状态时的模式特征为目标，以其不同训练阶段的模式特征为依据，建立相应的群体或个体训练模式，并对照模式有计划、有步骤、高质量、高精度、高效率地控制训练的一个教育过程。"①

（一）负重训练的概念

负重训练（weight training），通常是指依托或借助重物（哑铃、杠铃及其他器械之重量或阻力），使身体不同部位骨骼肌组织收缩（向心收缩或离心收缩）产生反射力量，通过抗衡重力，以增加肌肉强度、发达肌群、提高耐力为目的的运动训练。② 它是体育运动训练中最基本的训练方法，几乎所有竞技体育项目的运动员都采用该方法进行体能和耐力等方面的训练。

（二）健美运动负重训练的定义

牛津英语字典将健美运动员定义为："通过极为艰难的负重训练使自

---

① 张先松：《健美模式训练的建模方法再探》，载《武汉体育学院学报》1996年第9期，第107－108页。

② 参见张柏然《新时代英汉大词典》，商务印书馆2000年版。

身肌肉变得更加强壮的一类运动员。"[1] 由此可见，健美运动员的强壮体格训练，主要是依靠负重训练来实现的。健美运动的负重训练，除具备一般负重训练的特征外，主要是依托或借助不同重物（器械），采用以增加肌肉强度、发达肌群、提高耐力为目的的训练方法和动作组合，并有选择地进行不同重量、不同组数、不同间歇时间、不同重复次数的抗衡重力训练，促使肌纤维出现选择性肥大，有针对性地发达身体不同部位的肌肉，以提高运动员身体肌肉的饱满度，促进肌体的均衡性，调整体形的对称性，塑造健壮、优美的身体形态。

（三）健美负重训练与一般力量训练的区别

健美运动是从举重运动分化出来的，从单纯追求举起重量为目的，发展为以负重训练和发达肌肉相结合，以塑造优美体型为最终目标，健美负重训练与一般力量训练的区别体现在三个方面。

一是追求的目标不同。健美负重训练，其目的就是以"超负荷训练"获得"超量恢复"，促进新陈代谢，使肌肉中的毛细血管网增多，肌纤维增粗，生理横断面积增大；从而使全身各部位的肌肉群的体积得到最大限度的发展，获得全身肌肉高度发达、比例匀称的健美体格。[2]

力量举重和竞技举重的训练以递增重量为目的，多采用较大负荷量，以递增重量的方法进行训练。所负的重量越大，由肌肉的感觉神经传至大脑皮质的神经冲动也就越强，从而引起大脑皮质指挥肌肉活动的神经细胞产生强烈兴奋，并吸引更多肌纤维参与工作，提高肌肉的最大力量，

---

[1] Catherine Soanes，Angus Stevenson，*Oxford Dictionary of English*（UK：Oxford University Press，2005），p. 198.

[2] 参见相建华、杨润琴、尹俊玉《初级健美训练教程》，人民体育出版社 2003 年版。

进而将负重的重物量不断增加,举起更大的重量是其追求的终极目标。①

二是对身体形态的要求不同。健美运动以塑造优美体型为最终目的,优秀健美运动员既要有发达的肌群,更要注重肌体的均衡性、体型的对称性,并不是一味追求大而壮。竞技健美运动员的身体形态与力量举重和竞技举重等项目的运动员的身体形态有很大不同。就运动员选材而言,竞技健美运动员最佳选材的身体形态要求是:头小肩宽,腰细髋窄,背宽而厚,臀小而结实,上身短下身长,整个身体呈"X"形。而力量举重和竞技举重等项目的运动员在身体形态选材方面,一般注重体形的大而宽、肌体的厚而实。

三是训练的手段和方法不同。现代竞技健美运动负重训练虽是在举重运动力量训练的基础上发展起来的,但是由于两者追求的终极目标不同,训练的手段和方法也在不断发展变化。有些错误观点认为,健美负重训练和一般力量训练没有本质区别,只是训练采用的重量、组数、次数不同而已。其实,两者的训练手段和具体实施方法及效果是截然不同的。

竞技举重的发力方式主要是协同发力及爆发性发力,要将负重的重物举起来,运动员身体各部位的肌肉必须联动合作、共同发力。这种单纯力量训练的特点就是重量大、组数多、次数少。在举重项目的力量训练过程中,运动员身体相关部位的肌肉都会受到不同程度的刺激。但是,就肌体的均衡性来讲,有些不需要刺激的部位也刺激到了,而在体形的对称性方面,对饱满度不够而需要刺激的部位的肌肉,却没有刺激到或刺激较小。这样,举重运动员会形成体格虽粗壮,体形却不协调的形态。

---

① 参见刘晓梅《青少年运动员的个性特征分析》,载《山东体育科技》1996年第1期。

而竞技健美运动的发力方式主要是单块肌肉主动发力，小肌群协同，以可控的节奏性发力为主、爆发性发力为辅。健美负重训练的特点就是根据目标肌群的状况，采用大、中、小重量结合，训练组数、次数混搭的均衡性训练方法。训练中注重每组、每次负重训练的针对性，使目标部位单块肌肉承受的刺激最大化，从而使肌纤维出现选择性肥大，实现肌体的均衡性。

第二节　健美负重训练模式

一、健美负重训练模式的形成

健美运动发展至今，虽然该项运动已成为国际奥林匹克大家庭的一员，各种训练模式不断涌现、发展与创新，但不同国家和地区、不同级别的选手，都有各自信奉推崇的健美界"英雄"和认可的健美训练理论、观念，并形成自己的一套训练模式。不同时期、不同级别的世界顶尖健美选手，在国际顶级健美比赛取得冠军后，会立即引起国际健美界的关注和健美爱好者的追捧，其成功的历程和训练模式便会被一些业内人士推崇，从而形成自成一体的健美训练模式。由于竞技健美运动的局限性和竞赛成绩的不可量化性，一届或一个时期涌现出来的世界冠军，其竞赛成绩与往届或以后的运动员成绩无法进行量化比较。而田径、举重等竞技项目则不同，其成绩以时间、重量为依据，任何时期都有量化可比性，谁跑得最快、举得最重，其历史成绩可以做量化比较。所以，田径、举重这些运动项目训练模式的形成具有规律性和可比性，然而竞技健美运动的训练模式则只能因人而异。这也就形成了竞技健美运动训练模式的多样性。为人瞩目的世界健美界著名运动员训练模式主要有六种。

（一）罗尼·库尔曼（Ronnie Coleman）模式

获得八届"奥林匹亚先生"称号的罗尼·库尔曼（Ronnie Coleman），1964年5月13日出生在美国路易斯安那州的门罗。他曾是一名举重运动员，身高1.80 m，体重为非赛季145 kg、赛季130 kg。在健美界的主要成就：1991年IFBB世界业余健美锦标赛冠军；1996年IFBB加拿大冠军杯健美锦标赛冠军；1997年IFBB俄罗斯冠军杯健美锦标赛冠军；1998—2005年，连续八届获得IFBB奥林匹亚先生大赛冠军；1999年IFBB世界冠军锦标赛冠军。

罗尼·库尔曼在总结举重训练经验的基础上，结合健美运动的特点，探索形成了自己的一套健美负重训练模式。该模式以周期训练为基础，以不断增加训练次数和组数为手段，以"三高"为核心：在日常健美负重训练中，每周训练6天，每天训练两块不同的肌肉，一周内每块肌肉都受到2次深度刺激，且不断增加训练次数和组数，是名副其实的高频率、高容量、高强度的训练。其观点是：不断增加负重训练重量，能够强迫肌肉释放潜力，在力量训练的影响下，肌细胞内的肌动蛋白和肌球蛋白等收缩物质含量增加、脂肪减少，从而使肌肉的黏滞性降低，肌肉力量大增。特别是某些局部肌肉群的力量能达到相当高的水平，巨大的力量变化必然造就巨大的体格。

（二）阿诺德·施瓦辛格（Arnold Schwarzenegger）模式

获得七届"奥林匹亚先生"称号的阿诺德·施瓦辛格（Arnold Schwarzenegger），1947年7月30日出生在奥地利格拉茨的特尔村，曾任美国加利福尼亚州州长，著名影视明星、导演。他身高1.87 m，体重105 kg。在健美界的主要成就：1965年"少年欧洲先生"；1966年"欧洲先生"；1967年美国业余健美协会业余组"宇宙先生"；1968年美国业余健美协会职业组"宇宙先生"，德国力量举锦标赛冠军，国际

健美健身联合会"国际先生";1969年国际健美健身联合会业余组"宇宙先生",美国业余健美协会职业组"宇宙先生";1970年美国业余健美协会职业组"宇宙先生";1970年体育运动联合会职业组"世界先生";1970—1975年和1980年,先后获得七届IFBB奥林匹亚先生大赛冠军。

阿诺德·施瓦辛格拥有高大的身材,是迄今为止所有奥林匹亚先生中身高最高的。他刻苦训练,勇于探索,在总结前人健美训练方法的基础上,结合自己的身体条件,经过多年的竞赛实践,形成了自己独特的健美负重训练模式。该模式以有效地增大身体各部位的肌肉块为核心,采用顶峰收缩法、间歇控制法、借力法等方法。在做每个训练动作时,先做一组12次的练习热身,然后再做6组负重训练,每组都要适当增加重量,但要减少次数,最后2组只做1次。每组都要竭尽全力(即做最后一个动作时要达到力竭),从而加强对肌肉的刺激,促进肌肉增长。其观点是:大肌肉块是同强壮的身体联系在一起的,如果要促使肌体的快速增长,必须用大重量、强刺激才能促进肌肉增长。而次数少能有效地保证每次训练强度的质量,只有训练强度质量有了保障,增肌强体的效果才能实现。

(三) 多里安·耶茨(Dorian Yates)模式

获得六届"奥林匹亚先生"称号的多里安·耶茨(Dorian Yates),1962年4月19日出生在英国斯塔福德郡赫尔利。他身高1.78 m,体重为非赛季136 kg、赛季116 kg。在健美界的主要成就:1992—1997年连续六届获得IFBB奥林匹亚先生大赛冠军。

20世纪90年代之前,健美运动员和爱好者大多是学习和模仿阿诺德·施瓦辛格和李哈尼的训练模式,即以大训练量为主的方法进行训练。该训练方法主要使用大量的训练组,且组间休息时间较短,身体部位训

练的频率也比较高。多里安·耶茨登上健美赛坛并取得 IFBB 奥林匹亚先生大赛冠军后，丰富和创新了以往健美训练的方法，强调高强度的训练。尽管他的训练次数和训练量相对少了一些，但是训练强度非常高，而且负重也非常大。该训练模式将训练量减为：一个动作只有 1 组正式练习组，一个身体部位仅做 34 个训练动作，每 7 天训练全身部位 1 次。同时将有氧练习和阻力训练放在一起。训练中还有一个创新就是，在举起重物的时候，采用控制速度增加强度的方式，而且在将负重物下放的时候，也同样采用控制慢速节奏的方式。其观点是：强调训练最核心的内容是强度，当强度足够时则不需要额外的组数，每个动作只做 1 组达到力竭。

（四）乔·卡特（Jay Cutler）模式

获得四届"奥林匹亚先生"称号的乔·卡特（Jay Cutler），1973 年 8 月 3 日出生在美国。他身高 1.75 m，体重为非赛季 140 kg、赛季 124 kg。在健美界的主要成就：1993 年全美青少年超重量级冠军；1996 年全美重量级冠军；2001 年 IFBB 奥林匹亚先生大赛亚军；2002 年 IFBB 阿诺德传统赛冠军；2003—2005 年，连续三年获得 IFBB 奥林匹亚先生大赛亚军；2006—2007 年，连续两年获得 IFBB 奥林匹亚先生大赛冠军；2008 年 IFBB 奥林匹亚先生大赛亚军；2009—2010 年，连续两年获得 IFBB 奥林匹亚先生大赛冠军；2011 年 IFBB 奥林匹亚先生大赛亚军。

乔·卡特在多年健美运动训练的实践中，注重将传统的训练手段和方法与现行训练技术相结合，研究竞技健美运动的发展趋势，探索健美负重训练新模式，取得了显著成效。乔·卡特模式的核心就是一种爆发式的训练，其以最快的速度、最大的强度不断地重复练习动作。从健美训练的本质上讲，就是一种高强度休克训练。如果加快练习节奏，减少组间休息时间，便可以增加心率、消耗更多热量、燃烧更多脂肪，使目

标肌群产生强大的爆发力。这股力量可以使运动员举起超过普通负重训练的重量,速度越快,肌体承受的重量就越大,肌肉收缩也就更有力。同时,运用这种训练方法还可以达到孤立训练某块肌肉的目的。其观点是:健美负重训练中,快速猛烈的训练动作更能刺激肌肉组织中生长潜力最大的白肌纤维,并能将重量刺激更多集中在主动肌群上,限制被动辅助肌群的参与,从而达到增肌、强体、修身的目的。

(五) 李·普瑞斯特 (Lee Priest) 等人模式

著名竞技健美运动员李·普瑞斯特 (Lee Priest),1972 年 7 月 6 日出生在澳大利亚纽卡斯特市。他身高 1.63 m,体重为非赛季 128 kg、赛季 102 kg。在健美界的主要成就:1989 年澳大利亚锦标赛总冠军;1990 年澳大利亚锦标赛总冠军;1990 年世界业余锦标赛轻重量级第四名;1995 年铁人健美大赛第三名;1997 年奥林匹亚先生大赛第六名,铁人健美大赛第二名。

该模式另一位代表人物是奥林匹亚先生大赛名将马库斯·罗西尔 (Markus Ruhl)。他 1972 年 2 月 22 日出生在德国达姆施塔特,身高 1.80 m,体重为非赛季 168 kg、赛季 132 kg。在健美界的主要成就:1990 年美国韦斯顿杯大奖赛全场冠军;1994 年美国冠军赛轻重量级季军;1999 年英国大奖赛第七名,乔·韦德国际职业邀请赛第七名;2000 年冠军之夜赛亚军,多伦多国际职业邀请赛冠军;2002 年冠军之夜赛冠军;2003 年阿诺德传统赛季军;2004 年澳大利亚大奖赛第三名;2006 年西班牙国际职业邀请赛亚军;2009 年纽约国际职业邀请赛季军。

李·普瑞斯特和马库斯·罗西尔在总结前人训练模式的基础上,结合自己多年的健美训练和竞赛实践,将健美基本训练动作和高强度的训练相结合,探索形成了新的负重训练模式。该模式使用自由重量,采用基本训练动作,每组大重量进行低次数(6~8 次)、高组数(肱二头肌训练 25 组以上，上斜推举一组次数高达 33 次）的训练。他们的观点是：前几组负重训练很难刺激到身体深层的全部目标肌肉，只有在多组负重训练后，身体肌肉神经系统才会动用更深层次、更多肌肉纤维参与运动，从而使肌纤维增粗，肌肉中的毛细血管网增多，肌肉的生理横断面增大，肌肉变得丰满结实而发达，也就是"增大了肌肉块头"。

（六）舍齐奥·奥立伐（Sergio Oliva）等人模式

代表人物之一：获得三届"奥林匹亚先生"称号的舍齐奥·奥立伐（Sergio Oliva）。他 1941 年出生在古巴，原来是一名举重运动员，身高 1.78 m，赛季体重 109 kg。在健美界的主要成就：1967—1969 年连续三届获得 IFBB 奥林匹亚先生大赛冠军。他是第一位获得奥林匹亚先生大赛冠军的非白人运动员，也是唯一在奥赛击败过施瓦辛格的人。

代表人物之二：弗莱克斯·惠勒（Flex Wheeler），外号"健美童子"。1965 年 8 月 25 日出生在美国。他身高 1.79 m，赛季体重 105 kg。在健美界的主要成就：5 次阿诺德传统健美大赛冠军；5 次铁人职业选手国际健美大赛冠军；1993 年奥林匹亚先生大赛第二名；1995 年奥林匹亚先生大赛第八名；1996 年奥林匹亚先生大赛第四名；1998 年奥林匹亚先生大赛第二名；1999 年奥林匹亚先生大赛第二名；2001 年阿诺德传统赛冠军。

代表人物之三：肖恩·雷肖恩·雷（Shawn Raisen Ray），1965 年 9 月 9 日出生在美国加利福尼亚州普拉桑蒂亚市。他身高 1.70 m，体重为非赛季 107 kg、赛季 100 kg。在健美界的主要成就：1987 年全美职业健美锦标赛轻重量级及全场冠军；1990 年奥林匹亚先生大赛第三名，铁人职业健美邀请赛冠军；1991 年阿诺德·施瓦辛格健美精英赛冠军；1993 年奥林匹亚先生大赛第三名；1994 年奥林匹亚先生大赛亚军；1997 年奥林匹亚先生大赛第三名；2001 年奥林匹亚先生大赛第四名。

舍齐奥·奥立伐、弗莱克斯·惠勒、肖恩·雷肖恩·雷都是世界健美界的优秀运动员，健美运动训练领域的精英。他们经过多年的训练实践，探索形成了以"泵感"为核心的健美负重训练模式。该模式就是目标肌肉在相当强度的抗阻力训练后，导致大量的血液涌向目标肌肉，此时，肌肉会产生膨胀的感觉，称为"泵感"，这个过程称为"泵血"。"泵感"是衡量健美训练是否有效的一个标志。多次数训练是获得"泵感"的最有效方法，还能促使肌肉里毛细血管的增生和神经肌肉的生长。多组、多次数负重训练时，采用"停息训练法"，即在使用一定重量试举的过程中，用不同的间歇（越来越多）完成一个长组的规定次数（一般是6～8次），能使每个单组都能举起一个接近最大强度的重量。这是一种既能增加体能又能增长身体肌肉的训练模式。其观点是：健美训练重量不是第一位的，体会肌肉"泵感"，让血液充盈到身体锻炼部位并能停留更长时间是关键。

上述的健美训练模式仅是健美运动项目众多训练模式中的几种，由于这些训练模式造就了在世界健美大赛上取得辉煌成绩的顶尖运动员，这些冠军运动员的成功经历和训练模式受到广大健美爱好者追捧和关注。就这些训练模式而言，相互之间无法进行量化比较和概率分析。从健美运动训练学的角度来分析，这些造就世界顶尖健美运动员的训练模式中，各个模式里所采用的具体训练方式与方法，相互之间存在着交叉性、关联性和多样性。在训练方法的运用细节上，则因人而异。特别是在负重训练中，组数、次数和重量的不同运用，都围绕如何更有效地调动更多肌纤维参与运动，从而使肌纤维增粗，肌肉中的毛细血管网增多，肌肉的生理横断面增大，目标肌肉变得丰满结实而发达这一核心目标。因此，这些成功的健美训练模式是在不断发展、变化、创新的过程中逐步形成的，不同训练者根据自身情况适合不同的训练模式，不同训练模式没有好坏之分。在对上述健美训练模式研究中,可以明显地看到,传统的"韦德健美训练法则"等仍然是这些成功模式的基础。

二、高负荷训练与高强度训练模式

在健美训练领域曾经出现过各式各样的负重训练理念与方法,但是其中的大部分都是昙花一现。近年来在国外成为主流的只有高负荷训练(High-Volume Training,以下简称 HVT)与高强度训练(High-Intensity Training,以下简称 HIT)理论,并且这两种训练理论都有非常多的支持者与成功范例。目前针对负重训练,高负荷负重训练模式与高强度负重训练模式都已经各自形成较为完整的训练体系,在实际应用中有八种主要训练模式。①

当前,在竞技体育的高强度运动项目中,HVT 与 HIT 这两种训练模式都是优秀运动员训练计划的重要构成部分。高强度运动项目通常指运动持续时间在 1~8 min 之间的运动项目,例如皮划艇中的个人项目,绝大部分的游泳项目,3000 m 内的径赛项目,以及场地自行车,等等,这其中也包括竞技健美比赛的身体肌群比较及个人形体展示环节。在这类项目中,运动员机体供能方式主要为有氧与无氧混合供能,针对项目所采取的训练手段,要尽可能地提高与专项相关的肌群在运动中做功的能力,从而使相关肌群产生更大的肌力输出并且维持更长的时间。虽然 HIT 与 HVT 都是运动员训练计划中的重要组成部分,但是对于"这两种训练模式中哪一种才能最大限度优化从事大强度运动项目优秀运动员的

---

① Joe Weider, *Best of Joe Weider's muscle and fitness*: *Champion Bodybuilders' training strategies and routines* (NY: Contemporary Books, 1982), *Joe Weider's bodybuilding system* (NY: Weider Publish, 2001), *Joe Weider's muscle and fitness training notebook*: *an illustrated guide to the best muscle-building* (NY: AMI Books, Collector's Edition, 2005)。

运动能力"这个问题，国内外专家学者以及教练员经过多年研究依然未能得到统一的结论。有研究表明，短期的 HIT 可以更加有效地提高某些专项优秀运动员的运动机能（Laursen & Jenkins, 2002）；而在另一项研究中，HVT 对于受试者产生了更好的效果（Fiskerstrand & Seiler, 2004）。近年来，研究人员开始关注如何通过将两种截然不同的训练模式进行相互融合搭配以提升优秀运动员进行高强度运动的能力。①

有关 HIT 对于机体以及运动能力影响的研究表明，HIT 对运动能力以及相关生理因素有显著影响是众所周知的，在高水平运动员的 HVT 基础上增添一定量的短周期 HIT 既可以加强高强度运动的能力，也可以提升进行长时间运动的能力。②

Fiskerstrand 和 Seiler 认为：对进行 HVT 和高水平耐力项目的运动员额外加入一定周期的高强度间歇性训练，既有助于提高大强度运动的能力，也有助于提高长时间耐力运动的成绩。而且低负荷量高强度间歇训练能维持高水平耐力运动员的耐力能力。尽管 HIT 对大强度项目运动能力的各个方面的短期影响都是非常显著的，但是 HVT 的重要性也不应该被忽视。③

有关 HVT 对于机体以及运动能力影响的研究同时表明，对于未接受过训练的个体，一旦开始进行长时间低强度的训练，骨骼肌与相关系统

---

① Iñigo Mujika, Alfredo Goya, Sabino Padilla, et al., "Physiological responses to a 6-d taper in middle distance runners: influence of training intensity and volumes," *Med Sci Sports Exerc*, 2000, 32(2).

② Paul B Laursen, David G Jenkins, "The scientific basis for high-intensity interval training: optimising training programmes and maximising performance in highly trained endurance athlete," *Sports Med*, 2002, 32(1).

③ A Fiskerstrand, Stephen K Seiler, "Training and performance characteristics among Norwegian international rowers 1970–2001," *Scandinavian J Med Sci Sports*, 2004, 14(5).

会受到明显的影响，包括：肌细胞中的线粒体数量增加和肌纤维有氧代谢能力的增强。[1] 而由于肌细胞中的线粒体数量增加，在下一次进行同样强度的训练时，进行过训练的肌肉在稳态所受到的刺激小于未进行过训练的肌肉，因而有不少学者认为，高负荷长时间训练对于接受过一定训练刺激的肌肉产生的效果不明显。[2]

多项研究指出，低强度 HVT 很难在短期内达到很好的效果，但是在整个训练周期中插入低强度训练内容对于运动能力的提高是有积极作用的，尽管这些训练的强度远低于正式的比赛时所应该达到的运动强度。通常情况下进行低强度 HVT 是为了使运动员具备一定的有氧能力，促进运动员适应 HIT 或者专项训练对机体造成的影响。还有一些专家认为，HVT 的重要性在于可以改善运动员的身体成分并且优化与运动能力相关的神经肌肉系统。虽然有的观点并没有足够的理论研究作为支撑，但是许多从事高强度运动项目的运动员都开始将整个大训练周期分为高强度的训练期与高负荷、低强度的训练期。[3]

对于高强度运动项目而言，在短期内采用 HIT 可以产生比 HVT 更好

---

[1] Jonathan Esteve-Lanao, Carl Foster, Stephen Seiler, et al., "Impact of training intensity distribution on performance in endurance athletes," *J Strength Cond Res*, 2007, 21(3).

[2] Stephen K Seiler, Kjerland Glenn, "Quantifying training intensity distribution in elite endurance athletes: is there evidence for an 'optimal' distribution?" *Scand J Med Sci Sports*, 2006, 16(1).

[3] Å Fiskerstrand, Stephen K Seiler, "Training and performance characteristics among Norwegian international rowers 1970 – 2001," *Scand J Med Sci Sports*, 2004, 14(5); Jonathan Esteve-Lanao, Alejandro F San Juan, Conrad P Earnest, et al., "How do endurance runners actually train? Relationship with competition performance," *Med Sci Sports Exerc*, 2005, 37(3); Marcello F Iaia, Ylva Hellsten, Jens Jung Nielsen, et al., "Four weeks of speed endurance training reduces energy expenditure during exercise and maintains muscle oxidative capacity despite a reduction in training volume," *J Appl Physiol*, 2009, 106(1).

的训练效果，而 HVT 对于运动员机体产生的长期影响也需要予以重视，HVT 可以有效提高运动员的有氧代谢能力。然而，对于这两个训练系统究竟哪种更好，国外科研界至今还在激烈争论。虽然竞技健美运动是最早将高负荷负重训练模式与高强度负重训练模式运用于运动员负重训练的竞技项目[①]，而国外研究主要关注的是 HIT 与 HVT 对于竞技健美运动员体成分、肌肉围度以及肌肉力量水平影响等方面的研究，国内对于健美运动训练方面的研究只是将国外的早期研究成果进行综述性的罗列，也没有针对 HIT 与 HVT 在健美训练应用等方面做进一步的研究并提出更新颖的观点。

三、不同负重训练模式对机体的影响

海杜克（Heiduk）于 2002 年在《力量训练的最佳组数》中指出："训练的负荷应由低负荷量训练和 HVT 组成。低负荷量训练是每个练习通过 1 组或 2 组较少的低负荷量进行训练直至肌肉精疲力竭。""HVT 则是每个练习执行一个至少 3 组的训练计划直至肌肉精疲力竭，并且每组肌群可运用不同的练习方法轮流刺激。在一个相对较小的、有训练基础的健美运动员的试验样本中，较高负荷的训练在身体形态和最大力量方面没有明显优势。研究和训练实践都表明，一个高强度的力量训练（单组训练）对于有周密计划的训练大纲有着积极的作用。较低的训练负荷量、较高的训练强度以及相对较长的恢复时间对于避免过度训练和疲劳有重大意义。特别对于优秀运动员的训练安排具有特殊的优势。"[②]

---

① Mentzer M, *Heavy duty* (Redondo Beach, CA: Mentzer-sharkey Enterprises, 1993).

② 李庆、王光林：《关于力量训练中负荷量问题的思考和研究——单组训练与多组训练》，载《体育科学》2004 年第 2 期，第 33 – 37 页。

马亚·阿普尔比（Maia Appleby）在《间歇训练对减肥和健身》中认为，采用间歇式训练法——通过多组高强度的爆发期和低强度的恢复期的组合训练，使训练者的有氧和无氧系统同时进行运转，从而同时取得有氧和无氧训练的效果。用间歇训练法在30分钟内，训练者就能确实达到完全训练的目的。①

纳尔逊·蒙大拿（Nelson Montana）在《健美的真相：不为人知的训练秘密》中认为：关于小腿肌群的训练有两种理论。一种认为：因为该肌群主要由慢肌（红肌）纤维组成，所以它的增长潜力有限。慢肌是为耐力而生，因而推定小腿肌肉应该采用高次数训练。相反的观点则认为：因为小腿肌群每天都要运动数千次（走和跑），所以它需要低次数大重量的"冲击"。由于粗壮的踝关节和跟腱能够承受巨大的压力，"轻度"训练不会有效果，所以这种理论坚持认为小腿肌群的训练需要采用高强度大重量。②

杨世勇等人认为：体能是指运动员机体的运动能力，是竞技能力的重要组成部分，是运动员为提高技战术水平和创造优异成绩所必需的各种身体运动能力的综合。这些能力包括身体形态、身体机能和运动素质，其中运动素质是体能最重要的决定因素，身体形态和身体机能是形成运动素质的基础。③

陈月亮等人认为：体能是指人体各器官系统的机能在肌肉活动中表

---

① Maia Appleby, *Interval training for weight loss and fitness*（NY：Brighter Brains Inc，2011）.

② 参见纳尔逊·蒙大拿《健美的真相：不为人知的训练秘密》，见 *Muscular Development* 杂志官网（www.musculardevelopment.com）。

③ 参见杨世勇、李遵、唐照华等《体能训练学》，四川科学技术出版社2002年版。

现出来的能力,又称为"基础身体能力"。它包括身体素质(力量、速度、灵敏度、柔韧性、耐力、协调能力等)和身体基本活动能力(走、跑、跳、投掷、悬垂、支撑、攀登、爬越、举起重物等)两个方面。身体素质是身体基本活动能力的基础,而身体基本活动能力又反映了身体素质全面发展的水平。①

王保成认为:从广义上讲,体能包括人的有形体能与无形体能,有形体能是指身体能力,无形体能是指心智能力。体能包括身体结构、身体机能和智力意志。从狭义上讲,竞技体育中的体能是指运动员在专项训练和比赛负荷下,最大限度地动用有机体各器官系统,克服疲劳,高质量完成专项训练和比赛的机体能力。②

袁运平将体能定义为:人体通过先天遗传和后天训练获得的,在形态结构、功能调节方面,物质和能量的储存和转移方面,所具有的潜在能力以及与外界环境结合所表现出来的综合运动能力。其大小是由机体的形态结构、系统器官的机能水平、能量物质的储备、基础代谢水平以及外界环境条件等决定的,运动素质是体能的主要外在表现形式,在运动时,体能主要表现为力量、速度、耐力、灵敏度和柔韧性等各种运动能力。③

李庆等人指出:"单组训练作为一个新的训练理念和创新,在传统的多组训练基础上运用,产生新的训练刺激。这对于提高运动员的兴奋性、

---

① 参见陈月亮、王璇、赵玉华《体能概念研究综述》,载《体育科学研究》2009 年第 4 期。
② 参见王保成《篮球运动员体能训练的评价指标与指标体系的研究》,载《中国体育科技》2002 年第 2 期。
③ 参见袁运平《运动员体能与专项体能的特征研究》,载《体育科学》2004年第 9 期。

增加训练新鲜感和改善训练效果有着积极的意义。""单组训练的理念为我们对于负荷强度极限的挑战创造了条件。单组训练具有节省训练时间、较低的训练负荷量等特点,对于短、中周期的训练安排有着良好的效果。""单组训练具备较低的训练负荷量、较高训练强度以及相对较长的恢复时间,对于避免过度训练和疲劳有重要意义,符合优秀运动训练时间短、强度大、恢复时间长的特点和趋势。""单组训练中,在完成最大重复次数后的由教练员或同伴协助继续执行直到精疲力竭,以及降低负重量继续执行直到精疲力竭的练习战略符合超等长、超负荷的训练思想。对于短期内提高力量水平、突破力量极限有重大意义。"①

赵少平在《论健美运动的训练方法》一文中认为:外含型体型的人群进行健美训练的时候,应该用小重量、高频率、高次数以及短间歇方法,使用的重量小于 1 RM② 的 50%,每组次数不少于 25 次,组间间歇小于 30 s 等要求。③

沈鹏在《浅析静力拉伸对肌肉围度增长的实验研究》中通过实验数据得出结论:静力拉伸不但能够刺激肌纤维,增大肌肉围度,在健美训练后进行静力拉伸,能够使肌肉充分伸展,让肌纤维达到全程范围的运动,从而让肌肉更加饱满并且有高的分离度。④

王占奇在《健美训练"滞缓期"探析》中认为:从最大限度刺激肌肉

---

① 参见李庆、王光林《关于力量训练中负荷量问题的思考和研究——单组训练与多组训练》,载《体育科学》2004 年第 2 期。

② RM（repetition maximum,可重复最大量）可用于表示力量的大小。如:用最大力量只能完成一次举起的重量为 1 RM,用最大力量能举起 6 次的重量为 6 RM。

③ 参见赵少平《论健美运动的训练方法》,载《中国科教创新导刊》2010 年第 11 期。

④ 参见沈鹏《浅析静力拉伸对肌肉围度增长的实验研究》,载《今日科苑》2010 年第 18 期。

生长的角度分析，做大重量练习，要求肌肉提供最大能量，增加血流量，扩充毛细血管，加速新陈代谢，激发生理、生化反应，挖掘肌肉增长的潜在能力，从而突破"滞缓期"。①

李石生在《健美训练中的运动负荷及其因素调节》中认为：大重量训练能够显著增加力量，不能有效增加肌肉体积；中等重量、中等次数的训练能够有效增加肌肉力量与体积；小重量、高次数训练能够有效消减脂肪，增长肌肉耐力。②

我国健美运动训练领域的著名学者相建华等人指出："许多年以来，在专业健美训练领域，被最为广泛运用的方法体系当首推'韦德训练法则'。"韦德训练法则得之于国际健美训练权威——乔·韦德先生经过近半个世纪的积极探索和悉心研究。它是世界健美的宝贵财富，是国际健坛公认的健美训练指南。该法则分为：渐增超负荷训练法则、多组数训练法则、动作多变训练法则、孤立训练法则、优先训练法则、金字塔训练法则、分化练习法则、发胀训练法则、超级组训练法则、复合组训练法则、综合训练法则、循环训练法则、助力训练法则、先期疲劳训练法则、三组合训练法则、静力紧张训练法则、间歇训练法则、顶峰收缩训练法则、持续紧张训练法则、反重力训练法则、强迫次数训练法则、双分化训练法则、三分化训练法则、局部集中训练法则、逐降组训练法则、兼顾训练法则、局部动作训练法则、快速训练法则、交叉组训练法则、

---

① 参见王占奇《健美训练"滞缓期"探析》，载《洛阳工业高等专科学校学报》2006年第3期。
② 参见李石生《健美训练中的运动负荷及其因素调节》，载《天津城建学院学报》1994年第4期。

多组合训练法则、本能训练法则、优质训练法则,总共 32 条训练法则。①

阿诺德·施瓦辛格(Arnold Schwarzenegger)在总结前人多年健美负重训练的基础上,结合自己从事 35 年健美运动训练的实践,认为:"虽然科学家告诉我们如何有效地控制各种变量来组织你的训练,但是你不能低估主观因素的重要性。""训练方法以及各种训练变量的选择让每个运动员可以根据自己的实际需要和目标,对训练活动进行调整。"②

---

① 相建华、田振华、邓玉:《高级健美训练教程》,人民体育出版社 2006 年版,第 78 – 144 页。

② [美] 阿诺德·施瓦辛格:《施瓦辛格健身全书》,万义兵、费海汀、杨健译,北京科学技术出版社 2012 年版,"前言"第 XVIII – XXI 页。

第二章
健美运动员体能评价模型的构建

健美是一项体能主导类的"唯美性"运动项目。本书研究健美运动员负重训练模式的核心，就是要探讨如何有效地增强我国健美运动员的体能，从而促进优秀男子健美运动员的竞技能力的提升，缩小高水平运动员与世界优秀健美运动员整体实力的差距。因此，构建健美运动员体能评价模型是分析和掌握我国健美运动员体能状况的基础和前提条件。竞技健美运动项目中体能训练的系统化缺失，是影响中国健美运动发展水平的一个主要因素。为此，构建中国健美运动员体能评价模型是不可或缺的课题。

第一节　参数筛选与指标体系构成

本书通过构建健美运动员体能状态评价模型，运用实验测试法和数理统计法等对选取的12名优秀男子健美运动员进行体能状况研究。模型参数筛选是建立在运动员负重训练的基础上，选择与体能状态最为密切的身体形态、身体机能和运动素质相关的指标，采用肌电采集系统、等动测力系统、三维人体扫描系统及运动心肺功能测试系统等仪器，实地测试运动员备赛期的12周训练中体能变化的相关数据，通过生化监测系统追踪受试者训练时生理生化指标的变化情况，准确评估运动员的体能现状，为建立中国健美运动员体能训练的科学模式提供理论依据。

一、评价参数的筛选标准

体能是指健美训练者机体的运动能力，是竞技健美运动能力的重要组成部分，是健美训练者为提高技术、战术水平和创造优异成绩所必需的各种身体运动能力的综合。这些能力包括身体形态、身体机能和运动素质，其中运动素质是体能的重要决定因素，身体形态、身体机能是形成良好运动素质的基础。①

体能训练是健美运动的重要组成部分,是结合健美专项需要并通过合理负荷的动作练习,改善不同级别健美训练者身体形态,提高健美训练者机体各器官系统的机能,充分发展身体素质,促进其健美运动水平提高的过程。它是健美运动技术训练和战术训练的基础。②

健美体能分为与一般健美运动者身心健康有关的体能,以及与竞技健美运动员比赛动作技能有关的体能。一般健美运动者体能包括身体成分、心肺功能、肌肉力量、耐力、柔韧性等;竞技健美运动员的体能除具有一般健美运动者所需的体适能外,还要具有平衡性、对称性、协调性、灵敏性和特有的专项力量等。

筛选的体能指标要符合竞技健美运动的项目特征,同时要结合中国男子健美运动员的生理条件,构建以唯美性即"肌肉量、轮廓清晰度、匀称度"③为衡量标准的体能指标模型。

二、筛选的方法和步骤

本书采取邢文华教授提出的"关于有效指标体系的筛选步骤与方法。即:第一,初选指标必须得到理论上和逻辑分析的支持;第二,初选指标要经过相关专家的经验筛选;第三,对初选确定的指标测量结果进行第二轮的统计筛选"④。此后采取专家访谈法进行筛选,以使筛选后得到

---

① 相建华、杨润琴、尹俊玉:《初级健美训练教程》,人民体育出版社2003年版,第146–147页。

② 同上。

③ [日]石井直方:《肌肉百科全书》,魏文哲译,人民体育出版社2013年版,第48–49页。

④ 邢文华:《体育测量与评价》,北京体育大学出版社1985年版,第108页。

的结果具有较高的权威性。根据运动生理学原理，再选择逐步分类降维法，将初选指标降为身体形态类、身体机能类和运动素质类，然后运用统计学优化方法对筛选出的体能评价指标进行相关系数分析和检验。体能指标筛选流程如图2-1所示。

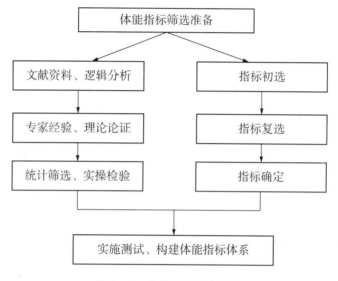

图2-1 体能指标筛选流程

（一）研究对象

本书以我国优秀男子健美运动员为主要研究对象。为了确保研究和实验数据的可靠性、实用性，从国内不同年龄、不同训练年限及不同参赛级别中，选取12名优秀男子健美运动员（即获得全国性比赛前六名、省级比赛前三名的选手，其中运动健将2人、一级运动员10人）为研究对象（即应试运动员）。他们的信息见表2-1。

表2-1 12名优秀男子健美运动员信息

人员	年龄（岁）	训练年限（年）	参赛级别（kg）	最好成绩	运动等级	身高（m）	先天性疾病
A	37	20	70	省冠军	一级	1.70	无
B	35	15	70	省冠军	一级	1.68	无
C	32	16	80	全国亚军	一级	1.74	无
D	23	8	80	省冠军	一级	1.74	无
E	28	10	70	全国亚军	一级	1.60	无
F	39	21	75	全国冠军	健将	1.70	无
G	30	10	70	省亚军	一级	1.78	无
H	38	20	85	全国亚军	一级	1.69	无
J	32	12	75	全国季军	一级	1.75	无
K	51	22	65	全国冠军	健将	1.62	无
L	33	12	80	全国亚军	一级	1.69	无
M	32	12	80	全国季军	一级	1.74	无

注：用字母A～M（不含I）表示12名受试运动员，全书同。

（二）研究方法

1. 专家访谈法

根据本课题的研究目标，围绕研究内容制定访谈提纲。邀请10名在本领域有丰富实践经验的专家，教授，国际级、国家级的教练员与裁判员进行访谈（专家名录见表2-2）。

表 2-2 专家名录

专家的姓氏与职称	研究领域	工作单位	备注
李教授	运动训练学	清华大学	国家短跑队主教练
肖教授	体育人文社会学	上海体育学院	原人文学院院长
任教授	运动心理学	上海体育学院	运动科学实验室
张教授	运动人体科学	上海体育学院	运动技能研究中心
吕教授	专项力量训练	上海财经大学	体育部主任
王教授	体育人文社会学	华东师范大学	体育学系
孙教授	体育教育训练学	华东师范大学	运动训练系主任
卢教授	运动人体科学	华东师范大学	实验中心主任
杨教授	心理测量与评定	华东师范大学	社会体育系主任
周教授	体育教育训练学	华东师范大学	国际健美操裁判、国家队教练

访谈前，给每位访谈对象发放了书面提纲和问卷效度评价表。通过访谈，深入了解当前国内外竞技健美运动的现状和制约我国健美运动训练模式科学发展的突出问题；听取专家们对本课题研究目标、研究内容和研究方法的意见，为课题的科学性、创新性和实用性提供较为明确的实施路径。由于 10 位专家的高度重视和支持，访谈工作进展顺利。访谈结束后，两种卷表共 22 份，全部回收，有效回收率为 100%。在进行不同形式的访谈过程中，各位专家分别为本课题的研究提出了有益的意见和建议。其中，上海体育学院肖教授关于"健美运动员体能现状研究重点"，华东师范大学周教授关于"健美运动员运动能力和专项能力研究方向"的问卷的回复，为本课题掌握国外相关研究趋势提供了很好的理论依据。

2. 文献资料法

通过图书馆、数据库，围绕健美运动训练模式研究查阅相关文献资料。在上海体育学院、华东师范大学、清华大学和上海图书馆搜集、阅读、复印文献资料 76 份；在互联网上对国际竞技健美组织、中国健美协会和中国知网、国家数字图书馆读者门户系统等网站的相关信息进行查询检索，了解国内外健美运动训练研究的现状和发展趋势，并收集相关应用数据 1263 条；在国家、省、市、院校健美队和北京、上海、深圳等城市健身房，对不同层次、不同地区、不同级别的健美运动员在实际健美运动训练中采用的负重训练模式、体能训练方法和技术手段的应用等方面的信息进行广泛收集，并按竞技健美竞赛规则的要求进行分类整理。以此为本研究积累重要的基础性、参考性素材。

3. 问卷调查法

为保障研究的实用性和可行性，在对本领域有丰富实践经验的专家、教授进行访谈的同时，深入国家健美集训队、上海体育学院健美队和上海市的健身俱乐部，对不同级别的健美运动员进行问卷调查。共发放调查问卷表 38 份，回收有效问卷 36 份，有效回收率为 94.7%。

4. 实验测试法

以我国优秀男子健美运动员为实验测试对象。被选取的 12 名优秀健美运动员，于备赛期 12 周内在上海体育学院运动生物力学实验室、运动健身科学馆及综合训练馆，使用 BODYSCAN 三维人体扫描仪、BIOVISION 16 导多功能肌电信号采集与分析系统、CON-TREX 等动测力系统、GE Prodigy 双能 X 射线骨密度及体成分测定仪、MAX II 运动心肺功能测试系统、h/p/cosmos mercury 4.0 跑台、HAMMER STRENGTH 和 CYBEX 力量训练器等相关测试仪器与设备，在专业人员的操作下完成各项体能训练及测试项目。受试运动员负重训练测试基本动作如图 2-2 所示。

（a）手臂训练（集中弯举）

（b）胸部训练（哑铃飞鸟）

（c）肩部训练（杠铃颈前上提）

（d）手臂训练（肱三头肌屈伸）

（e）腿部训练（提踵）

（f）腿部训练（箭步蹲）

图2-2 受试运动员负重训练测试基本动作

5. 数理统计法

对调查问卷和实地测试获得的相关原始数据，运用了均值比较法和因子分析法进行描述性数理统计。运用 Excel 2007 软件建立数据库，保存所有数据。运用 SPSS 16.0 统计软件对数据进行统计分析，为构建健美运动员体能状态评价模型提供翔实的数据支持。

三、体能指标体系构成

科学、真实的指标是进行健美运动体能特征研究的基础，指标对于运动训练学来说，就是"在实验观察中用来指示（反应）研究对象中某些特征的可被研究者或仪器感知的一种现象标志"[①]。通过它能分析推测研究对象的一些特征，并根据研究目的需要，制定、筛选出具有实操性的、能够反映健美运动员体能特征的具体指标。模型参数筛选是建立在运动员负重训练的基础上，选择与我国优秀男子健美运动员体能水平最为密切的身体形态、身体机能和运动素质相关的指标。

初选指标：根据竞技健美运动的项目特征，通过查阅文献资料，对与健美运动员体能特征相关的指标信息进行搜集，依据运动生理学、运动训练学的原理，对搜集的相关指标信息进行系统梳理，运用逻辑分析法，对梳理的指标进行科学分类，形成初选指标。

复选指标：在初选指标的基础上，通过对上海体育学院运动生物力学实验室、华东师范大学体育运动实验中心相关教授和专家访谈，参考我国健美运动训练学著名专家田里教授和张先松教授的相关研究成果，经对比分析，形成复选指标。

确定指标：根据复选指标，拟定本研究专项问卷调查表，对从事体

---

① 侯灿：《医学科学研究入门》，上海科学技术出版社 1981 年版，第 258 页。

育教育训练学、运动生理学研究的教授和有相关专业经验的健美运动项目教练员、裁判员进行问卷调查，按照体能指标的筛选流程，确定了3项一级指标、7项二级指标、41项三级指标，构成我国优秀男子健美运动员体能指标测试项目指标体系（见表2-3）。

表2-3 健美运动员体能指标测试项目指标体系

一级指标	二级指标	三级指标 内容	数量
身体形态	身高	克托莱指数*	1
	围度	肩围、胸围、大臂中下部围度、前臂围、大腿围、臀围、腰围、小腿围	8
	脂肪	上肢、大腿、躯干、腰腹部区域、髋关节周围、臀部、全身、躯干/全身脂肪比率、大腿/全身脂肪比率、（上肢＋大腿）/躯干脂肪比率	10
身体机能	生化指标	安静心率、皮质醇、血睾酮、血尿素、血清肌酸激酶、红细胞数、血红蛋白浓度、红细胞比容	8
	心肺机能	呼吸商（RER）、无氧阈心率（HR）、最大摄氧量（VO_{2max}）	3
运动素质	运动能力	屈膝关节、伸膝关节、肘关节屈伸肌群、膝关节屈伸肌群的肌肉力量与肌电信号强度	4
	专项能力	臀大肌、股二头肌、股直肌、肱二头肌、肱三头肌长头、股外侧肌、肱三头肌外侧头的规定动作造型肌电信号强度	7

*克托莱指数 = $\dfrac{体重（kg）}{身高（cm）} \times 100\%$。

第二节 受试运动员体能评价的数据测试

一、受试运动员身体形态的测试

（一）受试运动员身体形态指标构成

根据本研究的需要，被挑选出的 12 名受试健美运动员主要测试的身体形态指标包括：身高（见表 2－1）、身体各部位围度、身体脂肪。

（二）受试运动员身体围度主要指标

田里教授的《健美男子理想体围比例研究》得出结论，"健美男子理想体围比例（身高与各部位体围）指数是：身高 100；颈围 21.94；肩围 71；胸围 61.8；上臂围、小腿围 21.01；腰围 43.88；臀围 55；大腿围 33.99；前臂围 17。即只要知道身高，用身高去乘以上各体围比例指数的百分比，就可获得不同身高的健美男子理想体围参数"[1]。我国著名健美学专家相建华等人在《初级健美训练教程》中指出："体形美是人体健美的主要内容之一，体形的健美在很大程度上取决于身体各个部位体围的尺寸和相互间的比例。"[2] 学者还研究得出普通男子成年人体形健美标准（见表 2－4）。

---

[1] 田里：《健美男子理想体围比例研究》，载《体育科学》2001 年第 1 期，第 62－65 页。

[2] 相建华、杨润琴、尹俊玉：《初级健美训练教程》，人民体育出版社 2003 年版，第 80－81 页。

表 2-4 普通男子成年人体形健美标准

身高 (cm)	体重 (kg)	胸围 (cm) 常态	胸围 (cm) 深呼吸	颈围 (cm)	大腿围 (cm)	腰围 (cm)
153~155	50	94	97	32	48	65
155~157	52	94	98	32	49	65
157~160	54	95	99	33	50	66
160~163	56	97	101	33	51	66
163~166	58	98	102	34	51	68
166~169	61	99	103	34	52	69
169~171	63	100	104	35	52	69
171~174	65	100	105	36	53	70
174~176	67	102	107	36	54	71
176~180	70	103	108	36	55	72
180~182	72	103	109	36	55	73
182~184	75	104	110	37	56	74

数据来源：相建华、杨润琴、尹俊玉：《初级健美训练教程》，人民体育出版社 2003 年版，第 80-81 页。

本研究参照相建华等人提出的成人体形健美标准，以及张先松教授研究制定的"健美运动员全身肌肉群发达程度和均衡发展计算方法"[1]，本次研究运用 BODYSCAN 三维人体扫描仪，对 12 名受试运动员的胸部、颈部、上臂中下端、前臂上端、大腿上端、小腿、腰部、臀部等身体围度进行测试，三维扫描测试结果见表 2-5。

---

[1] 张先松：《健身健美运动》，华中科技大学出版社 2009 年版，第 40-56 页。

表2-5 受试运动员测试前身体围度数据

单位：cm

人员	颈围	肩围	胸围	上臂围 左直臂	上臂围 右直臂	前臂围 左前臂	前臂围 右前臂	大腿围 左大腿	大腿围 右大腿	臀围	腰围	小腿围 左小腿	小腿围 右小腿
A	43.6	124.2	111.9	38.7	38.1	31.2	31.0	59.9	59.6	102.0	77.9	38.7	39.0
B	40.5	124.0	109.5	36.4	36.6	29.4	30.0	56.8	58.7	97.9	81.8	36.3	37.4
C	43.1	130.0	119.8	38.0	38.7	30.5	30.1	62.0	63.1	104.2	81.8	37.9	37.3
D	42.8	121.0	112.1	38.0	38.5	30.1	30.4	61.0	60.8	102.3	79.6	37.5	37.1
E	43.2	127.0	114.4	36.0	34.5	29.6	30.3	59.8	60.2	101.0	80.8	38.5	39.3
F	44.1	126.8	113.7	37.9	37.6	30.8	31.1	62.8	62.5	104.3	78.0	38.2	38.6
G	40.9	122.5	109.3	38.9	38.1	29.6	29.8	61.0	62.5	101.9	78.1	39.0	40.0
H	46.4	127.9	115.7	39.0	39.7	30.0	32.2	64.6	64.7	107.0	88.8	40.4	41.5
J	43.7	125.3	112.5	40.8	38.3	30.8	31.0	61.0	59.7	104.0	77.4	38.0	38.9
K	44.7	126.1	115.4	36.2	35.7	30.5	31.1	62.2	63.0	103.1	83.5	40.9	40.9
L	46.5	133.7	122.3	41.5	42.1	31.5	31.8	67.6	65.4	109.5	90.7	45.2	45.4
M	45.8	126.7	115.0	39.8	40.5	30.5	29.7	63.9	63.8	105.5	89.4	40.2	40.3
均值	43.775	126.267	114.300	38.433	38.200	30.375	30.708	61.883	62.000	103.558	82.317	39.233	39.642
标准差	1.910	3.373	3.816	1.737	2.045	0.655	0.790	2.723	2.162	2.979	4.807	2.287	2.294
体围指数	25.71	74.17	67.14	22.57	22.43	17.84	18.04	36.35	36.42	60.83	48.35	23.04	23.28
与理想体围指数差值百分比	17.18%	4.46%	8.64%	7.43%	6.75%	4.94%	6.12%	6.94%	7.15%	10.60%	10.20%	9.66%	10.80%

通过分析表2-5的测试数据，可以看出受试运动员在赛季初期身体各个部位的围度发展情况不一，但都高于理想值。颈围是相对高于理想值最大幅度的围度；肩围指数相对最接近理想值，为4.46%；胸围、上臂围及大腿围高于理想值的幅度差别不大，为6.75%~8.64%；腰围、臀围高出理想值的幅度均在10%以上；小腿围高于理想值10%左右。

（三）受试运动员身体脂肪百分比

竞技健美是一项以视觉效果，以及依据运动员展现的身体各部位肌肉线条清晰度、饱满度、匀称度来评价运动员水平高低的运动。体格匀称度不仅包括骨骼比例、身体各部位肌肉的发达程度，而且包括不同部位肌肉线条的清晰度。该指标是至关重要的。肌肉线条的清晰度主要取决于：①肌肉分离度；②肌纤维的横截面积；③皮下水分；④不同部位的皮下脂肪分布的比例及皮下脂肪水平。其中，不同部位的皮下脂肪水平及脂肪分布是最为重要的。因为即使肌纤维横截面积很大，具备良好的基因条件，有良好的肌肉分离度，如果脂肪水平太高，肌肉的纹理也会被掩盖在脂肪层下，运动员参赛时就无法展示清晰的肌肉线条。

张先松教授根据多年的健美运动训练实践，提出了"评价身体脂肪含量用体脂百分比最可靠"[1]的观点，并将躯干（腰、腹、臀）、内脏和皮下组织分为"人体三大脂肪库"，以此制定了成年人身体成分的平均体脂含量判断标准（见表2-6）。本书对运动员体脂的测试评价依据该标准。

---

[1] 张先松：《健身健美运动》，华中科技大学出版社2009年版，第357-361页。

表 2-6 成年人体脂含量的判断标准

判断标准	男性	女性
正常	14%~16%	20%~22%
脂肪含量少	3%~5%	10%~12%
肥胖	20%~25%	25%~30%

采用 GE Prodigy 双能 X 射线骨密度及体成分测定仪,在非赛季对 12 名受试运动员进行身体成分指标测试。按照标准骨密度与体成分扫描测试流程进行,测试前利用标准校正程序进行系统校准。让受试运动员平躺于测试平台,身体外沿距离扫描范围边界 >3 cm,身体中线对齐平台中轴线,双臂及双腿用配套尼龙绷带捆绑固定,身体放松并保持静止不动状态。启动扫描程序,全身扫描时间约为 5 min。扫描结束后,数据由系统自动记录保存,检测结果用系统专用 A4 报告纸打印。

分别测试上肢、大腿、躯干、腰腹、髋关节组织、全身的脂肪含量与脂肪含量百分比,极小值、极大值、均值、标准差见表 2-7。

表 2-7 测试数据显示,受试运动员全身脂肪含量百分比均值为 12.6%,根据全身不同部位脂肪含量百分比数据分析,受试运动员非赛季躯干脂肪含量百分比均值达到 15.375%,比全身脂肪含量高出 2.775 个百分点。国际健美健身联合会和国际体能委员会的测试表明:"在 12%的体脂下,肌肉线条清晰。"[1] 所以对照标准,受试运动员的躯干脂肪占比偏高。根据国外高水平健美运动员专项训练研究记录资料[2]及国内

---

[1] [美] 阿诺德·施瓦辛格:《施瓦辛格健身全书》,万义兵、费海汀、杨婕译,北京科学技术出版社 2012 年版,第 111 页。

[2] 参见 [美] 阿诺德·施瓦辛格《施瓦辛格健身全书》,万义兵、费海汀、杨婕译,北京科学技术出版社 2012 年版,第 111 页;[美] 伊恩·金、卢·舒勒《肌肉塑造全书》,左继荣、王晓芸译,北京科学技术出版社 2015 年版,第 15-22 页。

表2-7 受试运动员非赛季身体各部位脂肪质量、脂肪含量百分比

部位	极小值		极大值		均值		标准差	
	脂肪质量 (g)	脂肪含量百分比 (%)	脂肪质量 (g)	脂肪含量百分比 (%)	脂肪质量 (g)	脂肪含量百分比 (%)	脂肪质量 (g)	脂肪含量百分比 (%)
上肢	692.00	5.4	1433.00	13.1	1016.000	8.592	284.775	2.447
大腿	1850.00	6.9	4422.00	16.2	3086.417	10.975	746.334	2.558
躯干	4427.00	10.1	8306.00	21.4	6219.667	15.375	1392.314	3.484
腰腹	614.00	7.7	1475.00	25.5	978.500	16.692	296.028	5.088
髋关节组织	1177.00	9.0	2617.00	20.5	1842.333	13.358	445.391	3.476
全身	7978.00	9.0	14300.00	17.8	10734.500	12.600	2272.668	2.638

注：本表中极大值、极小值为对应受试运动员的个人数据，均值、标准差为12名受试运动员的数据。

专业学者的相关研究①，当身体某区域脂肪百分比超过 15% 时，要在较理想前提下（肌肉损失量尽量少）达到较高的竞技状态，需要 12～16 周的训练时间。而受试运动员躯干脂肪（包括内脏脂肪与皮下脂肪）之中，即使不考虑内脏脂肪的重量，皮下脂肪含量百分比依然接近 13%，比上肢含量高出近 4 个百分点，比大腿含量高出近 2 个百分点。尤其腰腹部比全身脂肪占比要高出超过 4 个百分点，分布明显不均衡。

二、受试运动员身体机能的测试

根据本研究的需要，被挑选出的 12 名受试运动员主要测试的身体机能指标包括生理生化指标与心肺机能指标。

（一）受试运动员生理生化指标

12 名受试运动员主要测试的生理生化指标包括：安静心率、皮质醇、血睾酮、血尿素、血清肌酸激酶、红细胞数、红细胞比容及血红蛋白浓度。为确保受试者所采集的血样准确可靠，在测试前 24 h 内要求受试运动员不进行剧烈身体活动并且饮食正常。对采集的血样化验分析数据见表 2-8。

表 2-8 的测试数据说明：受试运动员安静心率总体水平在正常值 (60～100 b/min) 范围内；皮质醇水平在参考值 (69～345 nmol/L) 区间中段；血睾酮水平在正常参考值 (8.5～55.5 nmol/L) 中下区间；血尿素水平处于参考值 (2.8～7.2 mmol/L) 偏高区间；训练前血清肌酸激酶远高于参考值 (18～198 U/L) 上限；红细胞数与红细胞比容水平处于参考值 $[(3.92～5.61)×10^{12}/L]$ 与 (36.6%～49.4%) 区间

---

① 参见刘敏、李建英、相建华《我国男子健美运动员体能特征分析》，载《成都体育学院学报》2010 年第 1 期。

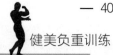

表2-8 受试运动员生理生化指标

运动员	安静心率 (b/min)	皮质醇 (nmol/L)	血睾酮 (nmol/L)	血尿素 (mmol/L)	血清肌酸激酶 (U/L)	红细胞数 (10^{12}/L)	红细胞比容 (%)	血红蛋白浓度 (g)
A	70	231	21.9	7.35	694.4	4.36	40.7	131
B	66	196	25.3	6.58	560.7	5.17	48.3	153
C	68	142	17.3	5.12	477.4	4.66	44.6	143
D	64	163	15.8	5.78	324.0	4.80	43.8	151
E	66	259	22.9	7.34	633.0	4.92	44.6	146
F	70	151	20.9	6.02	346.0	4.85	44.6	151
G	62	144	20.8	7.10	719.0	5.59	49.2	168
H	75	133	21.6	6.53	424.1	5.38	49.8	159
J	66	212	20.3	6.84	797.5	5.41	50.0	160
K	58	146	21.8	5.78	477.3	4.94	47.1	148
L	73	118	22.1	6.31	874.3	4.86	45.5	147
M	60	161	18.9	6.07	463.0	4.22	38.2	122
均值	60.667	164.833	21.500	6.402	565.892	4.930	45.583	148.250
标准差	19.736	42.170	2.633	0.687	177.477	0.411	3.614	12.440

内；血红蛋白浓度在参考值（120～160 g/L）的偏高区间。

（二）受试运动员心肺机能指标

心肺功能测试采用 MaxⅡ 跑台进行最大摄氧量①测定法做评估（测试结果见表2-9）。跑台初始速度为 3 km/h，坡度为 15°；每 3 min 时速增加 3 km，坡度增加 5°。测试指标有呼吸商（RER）、无氧阈心率（HR）、最大摄氧量（VO_{2max}）及完成时间（t）。最大摄氧量是评定运动员有氧代谢能力的重要指标之一，可分为绝对值 VO_{2max}（mL/min）和相对值 VO_{2max}（mL/min·kg），在体重影响运动成绩的项目中，相对最大摄氧量参考意义较大。②

表2-9 受试运动员实验测试结果

运动员	RER	HR（b/min）	VO_{2max}（mL/min·kg）	t（min）
A	1.14	176	53.30	11.00
B	1.07	181	48.80	10.90
C	1.24	185	41.60	10.35
D	1.15	182	59.90	13.40
E	1.06	183	49.70	11.70
F	1.10	174	62.40	14.15
G	1.11	172	68.50	14.00
H	1.08	180	55.40	13.00
J	1.14	187	51.80	12.10

---

① 参见孙凤龙、姜立嘉、董德龙《我国优秀男子划艇运动员体能训练的实证研究》，载《上海体育学院学报》2014年第2期，第83-86页；黎涌明《高强度间歇训练对不同训练人群的应用效果》，载《体育科学》2015年第8期，第69页。

② 参见何强《我国优秀女子摔跤运动员体能特征与评价体系的研究》，北京体育大学2010年博士学位论文，第40页。

续表 2-9

运动员	RER	HR (b/min)	VO$_{2max}$ (mL/min·kg)	t (min)
K	1.00	167	29.80	9.45
L	1.05	183	47.40	11.50
M	1.06	181	45.10	12.00
均值	1.100	179.250	51.142	11.963
标准差	0.047	4.467	7.408	1.146

根据表2-9测试数据分析，受试运动员呼吸商与完成测试所耗时间数值说明受试运动员机体耐力水平处于正常人群的参考值范围（呼吸商常在1.1~1.5之间变动，完成测试所耗时间在5~26 min之间）[1]内。受试运动员最大摄氧量相对值总体水平正常（≤50 mL/min·kg），与正常成年男子没有太大差距，但是个体之间由于年龄等因素，还是有一定的差别。[2]

三、受试运动员运动素质的测试

（一）受试运动员运动素质指标构成

竞技健美运动是一项展现人体肌肉状态、以体能主导的、具有高度艺术性和观赏性的竞技比赛项目，场上比赛以竞技水平、动作造型为衡量标准。[3] 对于健美运动员来说，肌肉、骨骼和脂肪组织是相互依存、

---

[1] 参见彭莉《置疑最大摄氧量——测试方法与判定标准》，载《体育科学》2011年第7期，第88页。

[2] 参见赵秋爽《我国优秀铁人三项运动员体能训练的理论与实践研究》，东北师范大学2011年博士学位论文，第70-72页；邱俊强《最大摄氧量及其派生指标的研究进展》，载《北京体育大学学报》2011年第1期，第73-75页。

[3] 参见程路明、相建华《健美健身竞赛裁判研究》，载《体育文化导刊》2016年第10期，第45-48页。

相互调控的[1]，除了日常的负重训练与心肺功能练习之外，还需做大量的定位造型练习（或静力收缩练习）。而任何一个定位造型都需要身体多部位肌肉参与协同发力，才能将肌肉比例、形态、分离度、饱满度及质感等符合比赛评判标准的各种特征完整地展现出来，而运动能力和专项能力是影响肌肉发达程度和肌肉协同发力的重要因素。因此，根据本研究的需要，对被挑选出的12名受试健美运动员运动素质的主要测试指标包括运动能力和专项能力。

（二）受试运动员运动能力指标

健美训练中，肌肉的最大力量、力量耐力等肌肉力量素质是影响肌肉发达程度的重要因素，而不同负重训练模式的侧重点又有所不同。因此，需要在测试前后对受试运动员肌肉力量各个方面素质的变化进行对比研究。

选取受试运动员单侧肘关节屈伸肌群与膝关节屈伸肌群在CON-TREX等动测力系统上进行相关肌肉力量指标测试，并通过输出端口连接有线肌电进行信号同步。对运动员在肘关节与膝关节分别做关节角度为120°、速度为0时的最大屈肌与伸肌力量测试；经过一定时间间歇，进行10次竭尽全力的角速度为60°/s的屈伸练习。测试指标为屈肌、伸肌的最大力量（MVC）、峰值力矩均值、峰值功率均值、平均力矩、平均功率，10次重复练习时的肌电信号MAX均值及RMS[2]均值。测试结果见表2-10。

---

[1] 参见Scott Going、Vinson Lee、Rob Blew等《身体成分研究的10大问题》，载《北京体育大学学报》2015年第9期，第42-51页。

[2] 肌电图振幅的均方根值（Root Mean Square，简称RMS）。——编者注

表 2-10 肌群峰值的力矩均值、功率均值

部位	人数（人）	力矩均值（Nm/kg）				功率均值（W/kg）			
		极小值	极大值	均值	标准差	极小值	极大值	均值	标准差
屈膝关节	12	−0.80	−1.26	−1.025	0.168	0.47	0.82	0.603	0.095
伸膝关节	12	1.13	2.21	1.725	0.293	0.84	1.32	1.070	0.172
屈肘关节	12	−0.62	−0.93	−0.759	0.080	1.17	2.31	1.808	0.307
伸肘关节	12	0.45	0.79	0.463	0.375	0.66	0.97	0.795	0.083

分析表 2-10 测试数据得知，受试运动员在模拟训练过程中，伸膝关节力矩均值比屈膝关节均值高出 68.29 个百分点，而伸肘关节力矩均值比屈肘关节均值高出 63.87 个百分点。受试运动员伸膝关节的峰值功率均值比屈膝关节均值高出 69 个百分点，屈肘关节肌群输出功率均值比伸肘关节高出 31.78 个百分点。

（三）受试运动员专项能力指标

在健美各种定位造型中，特定的肌群做最大静力收缩时，肌肉产生的电信号可以客观地反映运动员对这些肌肉的调动与控制能力。由于比赛中定位造型时间为每个动作 5 s，所以在测试中，受试运动员均按比赛要求着装（不上油彩），选取肱二头肌、肱三头肌外侧头、肱三头肌长头、臀大肌、股外侧肌、股直肌、股二头肌等比赛中发力最为频繁的肌肉作为肌电信号测试目标肌肉，测试侧展肱三头肌、后展肱二头肌及前展腹部腿部规定动作的肌电信号。其中，侧展肱三头肌时，肌电片贴于肱三头肌长头与外侧头中部；后展肱二头肌时，肌电片贴于肱二头肌的肌峰、股二头肌中部及臀大肌中部；前展腹部腿部造型时，肌电片贴于股外侧肌及股直肌中段。每个造型定型时间为 5 s，截取肌电信号最大值产生时间点前后各 1 s 的肌电信号（包括峰值信号时间点在内的总共 2 s），并做数字化处理，得出肌电 MAX 值与 RMS 值之后，再做进一步研

究分析。受试运动员的 4 个规定动作造型中涉及的 5 块肌肉 7 个位置的静力收缩肌电测试指数见表 2-11 和表 2-12。

表 2-11　静力收缩肌电信号 MAX 值

单位：mV/s

定位造型肌电信号 MAX 值	肱二头肌	肱三头肌外侧头	肱三头肌长头	臀大肌	股外侧肌	股直肌	股二头肌
HIT 组均值	3.731	2.582	1.973	1.451	0.849	1.096	1.278
HIT 组标准差	0.878	0.735	0.526	1.085	0.214	0.482	0.474
HVT 组均值	3.438	2.426	2.549	1.354	1.318	1.223	1.894
HVT 组标准差	1.437	0.835	0.797	0.506	0.659	0.666	0.879

表 2-11 的两组测试数据表明，在定位造型的肌电信号测试中，肌电信号 MAX 值最大的肌肉是肱二头肌，其次为肱三头肌，腿部肌群及臀大肌信号相对较弱。

表 2-12　静力收缩肌电信号 RMS 值

单位：mV/s

目标肌群肌电信号 RMS 值	肱二头肌	肱三头肌外侧头	肱三头肌长头	臀大肌	股外侧肌	股直肌	股二头肌
HIT 组均值	0.919	0.505	0.436	0.296	0.153	0.248	0.352
HIT 组标准差	0.268	0.141	0.102	0.226	0.049	0.122	0.160
HVT 组均值	1.022	0.536	0.602	0.310	0.258	0.303	0.486
HVT 组标准差	0.725	0.216	0.269	0.144	0.152	0.101	0.333

表 2-12 的两组测试数据表明，受试运动员在几个规定动作造型过程中，单位时间内肌电信号均值最高的部位仍然是肱二头肌，其次是肱三头肌，股二头肌稍弱于肱三头肌，臀大肌与股外侧肌信号最弱。

第三节　对受试运动员体能测试数据的分析与评价

"体能是指运动员机体的运动能力，是竞技能力的重要组成部分，是运动员为提高竞技战术水平和创造优异成绩所必需的各种身体运动能力的综合，这些能力包括身体形态、身体机能和运动素质，其中运动素质是体能最重要的决定因素，身体形态和身体机能是形成运动素质的基础。"[①] 根据上述论点，本节通过对被筛选的 12 名我国优秀男子健美运动员于备赛期 12 周内，身体的各项训练指标进行跟踪测试，围绕身体形态、身体机能和运动素质三要素的测试结果进行讨论分析。

一、受试运动员身体形态的数据分析

（一）运动员的身体围度状况

根据测试数据分析，受试运动员在赛季初期各项体围指数普遍高于前人研究所得出的理想值。但是，从赛季初期数据来看，运动员身体各个部位的围度发展情况不一。颈围是相对高于理想值最大幅度的区域围度，这与近些年来我国健美运动员开始注重颈部肌肉训练有关。因为我国运动员的各骨骼比例中，头骨相对较大，在比赛中如果没有相当围度的颈部，会显得头身比例不协调，影响比赛成绩。肩围指数相对于理想值高出幅度最小，反映我国运动员肩部肌肉及上背部肌肉厚度发展较为滞后。肩围发展滞后也与我国运动员先天因素中的骨骼比例有关。相较

---

① 杨世勇、李遵、唐照华等：《体能训练学》，四川科学技术出版社 2002 年版，第 3 页。

于欧美国家健美运动员,我国健美运动员锁骨较短、肩部窄小,这也是我国健美运动员肩周整体发展不足的主要原因之一。受试运动员胸围、上臂围及大腿围高出理想值幅度差别不大,均为7%～8%,但从测量现场的情况来看,大腿、胸部及背部中段皮脂水平明显高于手臂,由此可见大腿及躯干肌肉发展不如上臂理想;受试运动员前臂发展相对于上臂也不理想;腰围、臀围高出理想值幅度均在10%以上。从现场测试数据分析,这主要是赛季初期这些区域脂肪含量仍然较高造成的。受试运动员小腿围比前人研究得出的理想值高出10%左右,从这个数据可以看出,"高强度的腿部训练对整个身体的推动作用是其他肌肉群训练无法比拟的"①。近年来,我国运动员意识到了腿部肌肉的重要性,训练水平正在向国际靠拢,腿部肌肉发达程度有了明显提高。

(二) 运动员的身体脂肪含量状况

根据表2-7数据分析,受试运动员全身脂肪含量百分数均值为12.6%,其中躯干部位脂肪含量占全身总脂肪量的一半以上,比四肢总脂肪量高出25个百分点左右,尤其在髋关节与腰腹部,脂肪百分比比整体幅度高出3个百分点以上。这种不均衡的状态,对于运动员的竞技水平影响较大。如果运动员在赛前身体总脂肪百分数已降至5%～6%,四肢脂肪水平达到2%～3%的理想水平,而腰腹部以及髋关节周边的脂肪百分数还在8%甚至更高,则会产生肌肉线条清晰度视觉上的"脱节"情况。因为在国际、国内大型赛事中,要求运动员腹部肌肉线条清晰,且在腱划处有棱角分明的肌肉刻度,下背部在背阔肌与竖脊肌相接处应展现出清晰的肌纤维线条,在臀大肌则呈现出岩石般的坚硬质感,并且

---

① [美]扎克·埃文-埃谢:《地下力量训练全书》,王亦飞译,北京科学技术出版社2016年版,第100页。

可以清晰看到臀大肌的肌纤维。达到这种程度的肌肉清晰度，通常要求运动员在该区域的脂肪水平下降到5%以内，并且皮下水分含量极低，而高于6%的脂肪水平则难以展现这样的肌肉清晰度。因此，运动员通过一段时期的备赛训练，在总体脂肪含量达到比较理想的程度时，而在髋关节与腰腹部的脂肪水平却没有达到与其他部位相当的程度，这就需要进一步降低身体的脂肪水平，使得髋关节附近与腰腹部肌肉清晰度得以较均衡的展现。但是，身体的总脂肪水平在达到3%～5%的低水平时，由于运动员机体的自我保护机制，很难再进一步下降，此时如果局部脂肪水平依然偏高，若要进一步减少脂肪总水平的话，可能会出现瘦体重、肌肉围度的较大流失，甚至导致运动员身体免疫力与机体恢复能力出现问题。由此可见，我国优秀男子健美运动员在非赛季结束进入备赛阶段，若总脂肪水平已达到较理想程度，而区域脂肪分布仍不均衡，这将对竞技状态和竞技水平产生非常不利的影响。

二、受试运动员身体机能的数据分析

（一）运动员身体的生理生化状况

根据表2-8分析，受试运动员安静心率总体水平在正常值范围内，心率储备较好；皮质醇水平在参考值（69～345 nmol/L）区间中段，为正常水平；血睾酮水平虽然在正常参考值（8.5～55.5 nmol/L）范围内，但处在中下区间，表示这个阶段运动员身体合成代谢水平不高；血尿素水平处于参考值（2.8～7.2 mmol/L）范围内的偏高区间，表示体内蛋白质的分解代谢量较高；训练前血清肌酸激酶远高于参考值上限，表明长期的不间断负重训练使运动员机体一直处于运动疲劳状态；红细胞数与红细胞比容水平处于参考值 [（3.92～5.61）×10^{12}/L] 与（36.6%～49.4%）中段区间，表明受试健美运动员机体的氧运载能力处于正常水平。

（二）运动员的心肺机能状况

健美运动员的心肺机能水平对于训练与比赛都具有非常重要的意义。良好的心肺功能是高质量完成日常及赛前负重训练课的必备条件之一，也是运动员要标准到位地完成台上多轮造型展示所需要的重要素质之一，对在赛前减脂期加快新陈代谢、促进脂肪消耗具有积极影响。

根据测试数据分析，受试运动员最大摄氧量总体水平与正常成年男子无显著差别，但是个体之间由于年龄等因素差别还是比较大的。由呼吸商指数与完成测试所耗时间数值与其他实验中普通人群数据对比可知，受试运动员机体耐力水平均处于正常人群的参考值范围内。这主要是由于健美训练的主体部分是力量与肌肉控制力训练而非耐力训练，又因为最大摄氧量与肌肉中红、白肌纤维比例有关，通常红肌纤维比例高的运动员最大摄氧量较高，白肌纤维比例高则相反，受试运动员红、白肌纤维比例与普通人群差异不大。这说明受试运动员机体有氧耐力水平处于正常成年人水平范围内，常年力量训练对其影响并不显著。

三、受试运动员运动素质的数据分析

（一）运动员的运动能力状况

根据表2-10分析，受试运动员在模拟训练过程中，伸膝关节力矩均值高于屈膝关节均值68.29个百分点，而伸肘关节力矩均值高于屈肘关节均值63.87个百分点，这表明受试运动员大腿正面肌群与后侧肌群、手臂前侧肌群与后侧肌群力量发展的不均衡性。但两者在具体情况上又有所区别：大腿前侧肌群体积较后侧肌群大，力矩也大；手臂前侧肌群体积小于后侧肌群，产生的力矩却大于后侧肌群。

受试运动员伸膝关节的峰值功率均值高于屈膝关节均值69个百分点，屈肘关节肌群输出功率均值高于伸肘关节31.78个百分点。这表明

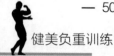

受试运动员大腿前侧肌群与后侧肌群及手臂前侧肌群与后侧肌群发展失衡，肌肉的发达程度存在较大差别。因为肌肉输出功率是体现肌肉伸缩能力与发达程度的重要衡量标准，峰值功率则进一步体现肌肉做功时可以表现出的最强收缩能力，一定程度上决定了肌肉可以承受的最大负重与收缩时相关关节的最大角速度。在测试中关节角速度已经固定，可以判定以上各组拮抗肌两两之间的差距主要还是在于肌肉最大力量这方面。

（二）运动员的专项能力状况

竞技健美运动员专项能力主要体现在对肌肉调动与控制能力方面，在健美比赛特别是高水平大型赛事中非常重要。根据测试数据，在定位造型的肌电信号测试中，肌电信号 MAX 均值最大的肌肉是肱二头肌，其次为肱三头肌，腿部肌群及臀大肌信号相对弱。静力收缩肌电信号 RMS 值测试数据分析也表明，受试运动员在几个规定动作造型过程中，各个单位时间内肌电信号的均值最高部位仍然是肱二头肌，其次是肱三头肌，股二头肌稍弱于肱三头肌，臀大肌与股直肌、股外侧肌信号最弱。这说明受试运动员在后展肱二头肌造型中，二头肌静力收缩状况良好；侧展肱三头肌造型时也可以积极调动肱三头肌收缩用力；而在同样背展肱二头肌造型时，股二头肌与臀大肌的发力收缩及肌纤维调动的情况与肱二头肌相比很不理想；在前展腹部腿部造型时，裁判重点关注的股直肌与股外侧肌的肌电信号是所有测试肌肉中最弱的，这种情况更直接反映受试运动员对于腿部肌肉的控制能力相对薄弱。

通过上述讨论与分析表明，受试运动员运动素质方面的专项能力相对较弱，"核心稳定性"[①] 差，从而导致运动员对身体部分区域肌肉调动

---

① 参见［英］贝尔·格里尔斯、娜塔莉·萨默斯《贝尔健身》，李涵嫣译，北京日报出版社 2015 年版，第 13 页；陈小平、褚云芳、纪晓楠《竞技体能训练理论与实践热点及启示》，载《体育科学》2014 年第 2 期，第 5 页。

与控制力不强。

"核心肌肉群的强弱程度决定了整个人体的力量"[①],肌肉调动与控制能力在健美比赛中非常重要,它是将训练成果通过对肌肉不同方式的控制,使其做不同幅度的伸缩并展示给观众和裁判的必备条件。而在不同定位造型中,都有一块或者多块需要重点展示并做最大静力收缩的肌肉,这些肌肉在静力收缩时的紧张程度及肌纤维调动的数量决定了在舞台上所能呈现出的肌肉状态,这就极大地影响着运动员的最终成绩。"我国体能类项目的普遍低迷以及技能主导类项目优于少数几个项目的现象与目前国外竞技体育的现状和趋势形成明显反差。"[②] 因此,强化我国健美运动员有针对性地进行运动素质训练,对提高竞技健美运动水平显得尤为重要。

四、对受试运动员体能状态测试结果的评价

体能是健美运动员机体的运动能力,是由身体形态、身体机能、运动素质三大要素构成。身体形态的均衡性、机能的稳定性和素质的可控性是评价我国男子健美运动员体能状况的主要依据。

(一) 对受试运动员身体形态的评价

对运动员身体形态测试研究表明,受试运动员身体围度各项指数普遍高于前人研究所得出的理想数值,但身体各个部位的围度发展不均,非赛季四肢与躯干及全身脂肪分布失衡。

---

① 沈鹏:《浅析静力拉伸对肌肉围度增长的实验研究》,载《今日科苑》2010年第18期,第64页。

② 王占奇:《健美训练"滞缓期"探析》,载《洛阳工业高等专科学校学报》2006年第3期,第68-69页。

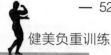

(二) 对受试运动员身体机能的评价

对运动员身体机能测试研究表明,受试运动员生理生化指标中,安静心率、皮质醇、红细胞数与红细胞比容水平均正常,血睾酮水平处在中下区间,血尿素水平处于偏高区间,血清肌酸激酶高于参考值上限,心肺机能各项指标处于正常人群的参考值范围内。

(三) 对受试运动员运动素质的评价

对运动员运动素质测试研究表明,受试运动员大腿正面肌群与后侧肌群、手臂前侧肌群与后侧肌群的力量发展不均衡;大腿各个肌群的发力控制能力相对较薄弱;肘关节屈伸训练中对肌肉发力的控制相对良好,伸肘关节在等动模式运动时的肌肉力量控制能力较差;手臂肌群动员的肌纤维数量比例远高于腿部肌群,手臂肌群发展较好,腿部肌肉发展不够理想。

综上所述,根据我国优秀男子健美运动员的体能现状,针对本研究测试中运动员身体围度发展不均、脂肪分布失衡、肌群控制能力相对较薄弱的问题,要学习和借鉴国外竞技健美运动员的先进训练方法,在体能训练中将高负荷与高强度的训练模式融合搭配,在增强身体肌肉饱满度、提高轮廓清晰度的同时,重点强化身体匀称度训练,这也是有助于我国健美运动员在国际大赛上取得优异成绩的重要方法。

第三章
健美运动员高负荷负重训练模式

HVT模式,在竞技体育许多高强度项目的训练中被优秀运动员广泛运用,在国外竞技健美负重训练中,一些高水平健美运动员也采用该模式进行训练并取得显著成效。该模式在健美负重训练中,主要是通过大重量、强刺激促进肌肉增长。在周训练的基础上,以增加训练次数和组数为手段,通过不断增加负重训练重量,强迫肌肉释放出潜力,在大重量的刺激下,肌肉细胞的肌动蛋白和肌球蛋白等收缩物质含量增加、脂肪减少,从而使肌肉的黏滞性减小,肌肉力量增加,达到增肌强体的目的。本章通过对我国6名优秀男子健美运动员采用HVT模式训练前后,身体机能指标变化情况的分析研究,为不同负重训练模式在中国健美运动员实际训练中效能的对比,提供准确的评价数据。

第一节 高负荷训练模式的概念与特征

一、高负荷训练模式的概念

当今竞技健美训练领域内,高负荷负重训练模式主要有以下五种:①金字塔(Pyramid)训练模式;②递降组(drop set)训练模式;③超级组(super set)训练模式;④德式容量(German volume training)或10×10训练模式;⑤肌肉筋膜拉伸-7(fascia stretch training-7)训练模式。[1]

---

[1] Frederic Delavier, Michael Gundill, *The strength training anatomy workout* (Human Kinetics, 2011); Frederic Delavier, Michael Gundill, *The strength training anatomy workout II* (Human Kinetics, 2012); Bret Contreras, *Bodyweight strength training anatomy* (Human Kinetics, 2013); Joe Weider, *Joe Weider's bodybuilding system / Book and charts* (Weider Publish, 1988).

(一) 金字塔 (Pyramid) 训练模式

金字塔训练模式，是目前健美训练中最常规的训练模式。[①] 它主要指：在负重训练中，同一练习动作在组与组间负重变化为逐级递增，而每组完成次数则随之相应递减；当然，也可以采取在充分热身之后，第1组使用最大训练负重，而后每组逐级递减，每组的重复次数随之递增。在一次训练中，大肌群完成 3～4 个练习动作，每个动作完成 4 组（不包括热身练习）；小肌群完成 2～3 个练习动作，每个动作完成 4 组（不包括热身练习）。各个练习动作之间间歇时间为 60～120 s，组间间歇时间为 60～90 s。通常在训练课程安排中，根据不同运动员的不同能力，每次训练可以练习一个大肌群与一个小肌群，也可以单独训练一个大肌群或者两个小肌群。训练采用负重范围通常是 20 RM～6 RM。

除了金字塔递增以及金字塔递减训练模式之外，还有双金字塔 (double Pyramid) 训练模式——传统金字塔训练模式的一种变形。两者之间的差异在于：传统金字塔训练负重随着组数递增，每组重复次数递减，每个练习动作的最后一组达到负重最大值与重复次数最小值；而双金字塔训练负重随组数先增后减，重复次数则先减后增。通常，在每个练习动作的进程中点达到负重的最大值与重复次数最小值。并且，每个练习动作在后几组递减负重与递增重复次数时的幅度基本和前几组递增负重与递减重复次数时保持一致。进行双金字塔训练时，大肌群通常采用 3～4 个练习动作，每个动作完成 5～7 组；小肌群采用 2～3 个练习动作，每个动作同样完成 5～7 组。训练过程中，各个练习动作之间间歇为 90 s，各组之间间歇时间为 60～90 s。在训练计划安排中，根据

[①] Arnold Schwarzenegger, *Arnold's encyclopedia of modern bodybuilding* (Simon & Schuster, 1987).

不同运动员的不同情况,可以采取每次训练练习一个大肌群与一个小肌群,也可以单独训练一个大肌群或者两个小肌群。训练采用负重范围通常也为 20 RM～6 RM。

(二) 递降组 (drop set) 训练模式

根据阿诺德·施瓦辛格所著的《施瓦辛格健身全书新编》记载,递降组训练法由亨利·阿特金斯在 1947 年提出,指的是:在练习动作过程中,每个训练动作连续完成由高到低的 3 个或者更多递减负重的小组,同时,每个小组的重复次数在负重递降的过程中相应递增。[①] 由于这种练习模式极易造成训练过度,因此,每个练习动作进行递降组的组数不超过 3 个。每个大肌群完成 3～4 个练习动作,小肌群完成 2～3 个练习动作。递降组间间歇时间为 90～120 s,练习动作间间歇时间为 90～120 s,小组间无间歇或尽量短的间歇时间(通常小于 10 s,这个是由于增减负重时的操作时间造成的间歇)。实际上,递降组训练模式是一种 HVT,同时兼顾很高的训练强度,属于难度系数非常高,对于运动员素质要求也非常高的训练模式。在训练计划安排中,根据不同运动员的不同情况,同样可以采取每次训练练习一个大肌群与一个小肌群,也可以单独训练一个大肌群或者两个小肌群。训练所采用的负重范围通常为 20 RM～6 RM。

经过几十年的训练技术革新,人们对训练强度与训练负荷量之间辩证关系的认识有了新的提高。目前在优秀健美运动员中被认为是最理想的递降组训练模式与传统模式产生了较大的差别,主要体现在 3∶1 理论的提出——即在整个训练计划中,把金字塔递增训练与递降组训练按照

---

① Arnold Schwarzenegger, Bill Dobbins, *The new encyclopedia of modern bodybuilding* (Simon & Schuster, 1999).

3∶1 的比例进行搭配，以通过降低总体训练负荷量，进一步提高训练强度，使得递降组训练模式更多地作为一种 HIT 模式融入日常训练中，以此获得更理想的训练效果。

（三）超级组（super set）训练模式

super set 训练模式①通常被直译为超级组训练模式，指的是在同一时间段内训练一对拮抗肌群或者一个大肌群配一个小肌群，一对拮抗肌群完成各一组或者一个大肌群配一个小肌群完成各一组，算作一个超级组。不同肌群合练小组间无间歇，超级组之间间歇时间为 90～120 s，各个超级组合练动作间歇时间为 120 s，每个超级组合练动作进行 3～4 组练习。超级组训练计划中，大肌群进行 3～4 个合练动作（6～8 个练习）；小肌群进行 2～4 个合练动作（4～8 个练习）。超级组训练计划可以有多种多样安排的方法，例如：在一次训练中练习一个大肌群加一个小肌群；一对大拮抗肌群；一对小拮抗肌群。训练采用负重范围通常为 20 RM～6 RM。

（四）德式容量训练（German volume training，以下简称 GVT）模式

GVT 模式又称"壮汉训练模式"②，最早起源于德国，后来在东欧一些国家与地区流行，到了 20 世纪 90 年代被引入奥林匹克举重界，在取得巨大成功后才在体育界受到广泛关注。在健美领域，GVT 模式通常被称作 "10×10 训练法"，指的是针对一个目标肌群，采用 12 RM 左右的负重进行每组 10 次重复的练习，组间间歇时间为 90 s，训练过程中负重

---

① Joe Weider, Bill Reynolds, *Joe Weider's ultimate bodybuilding* (McGraw-Hill Contemporary, 1989).

② Craig Cecil, *Bodybuilding*: *from heavy duty to superslow*: *Evolutionary strategies for building maximum muscle* (Westminster: Running Deer Software, 2012).

不变化。在 GVT 模式中，每个目标肌群采用 1～2 个练习动作，而采用 10×10 训练的练习动作为训练计划中的主体练习，并且每个训练的肌群只有一个 10×10 练习。每次训练进行两个目标肌群的训练，在一次训练中练习一个大肌群加一个小肌群或者两个小肌群。随着近年来训练技术的发展，又衍生出了目前被认为是最佳 GVT 版本的超级组 GVT。也就是融合了超级组训练与 GVT 两种模式的训练。在超级组 GVT 计划中，除了 GVT 原有的训练安排，也可以练习一对大拮抗肌群或一对小拮抗肌群。这种模式的超级组组间间歇时间为 120 s。在动作频率上，GVT 计划中的 10×10 部分与其他训练模式有明显不同，10×10 训练要求每次重复过程中肌肉发力收缩的时间为 2 s 左右，退让还原时间为 4 s 左右，而其他训练模式要求肌肉发力收缩时间为 1 s 左右，退让还原时间为 2 s 左右（爆发式快速收缩，退让减速还原）。也就是说，GVT 训练中 10×10 部分的单组训练时间是其他训练模式的两倍左右。

除 10×10 训练外，为了使练习更加多样化，从更多不同角度对目标肌群进行刺激，还发展出一种 5×5 的超级组 GVT 模式。在这种训练计划里，所有动作按照顺序两两成为一个超级组合练，每个动作都完成每组 5 次，共 5 组，超级组间间歇为 60 s，采用 8～10 RM 负重。

（五）肌肉筋膜拉伸-7（fascia stretch training-7，以下简称 FST-7）训练模式

FST-7 训练模式，可译为"肌筋膜扩张训练"[1]，而后面的数字 7 表示针对目标肌群所进行的某个特定练习动作的组数。这种模式是由著名职业教练员哈里·雷蒙博德（Hany Rambod）在 20 世纪 90 年代首创并推广。作为一项新式的训练技术，其作用原理主要是通过在负重训练中

---

[1] 参见 Hany Rambod, *FST-7 Defined*（见 www.Bodybuilding.com, DVD）。

最大限度拉伸与扩张肌肉筋膜层的容积，以提升肌肉增长的空间并由此增加肌肉体积。这种训练的生理学理论依据是，每个人增长肌肉的能力都由基因决定而各有不同，其中一个重要的因素就是肌肉筋膜厚度。有的训练者肌肉筋膜层较厚，使得肌肉筋膜扩展的能力降低，从而导致增加肌肉体积困难的情况；而另一些训练者的肌肉筋膜层较薄，也就更容易扩张，让肌肉更容易具有更大的生长空间，增加肌肉体积也就相对容易。在训练过程中，计划被分为截然不同的两个部分：常规练习阶段与FST-7练习阶段。而最大限度拉伸与扩张肌筋膜容积的主要手段就是通过FST-7练习阶段的超短间歇，连续7组训练让目标肌群获得最大限度充血膨胀来实现的。

目前，学术界多将FST-7训练归类为HIT训练模式中的一种，因为整个训练过程中各组之间的间歇都较短（尤其在FST-7练习阶段更类似于另一种变化版本的停歇模式训练），采用的训练负重也多在8～12 RM这个较大负重范围内。

FST-7训练模式可以根据运动员的情况分成两种类型：以强调训练负荷量为主导的FST-7训练和以强调训练强度为主导的FST-7训练。也就是说：在常规训练阶段可以选择采取任何HVT模式中的训练方法（目前以金字塔递增训练最为常见），也可选择采用HIT模式中的训练方法（目前以单次力竭训练模式最为常见）。

一方面，强调训练负荷量的FST-7训练（采用金字塔递增训练作为常规训练阶段模式）通常安排如下：大肌群进行4～5个练习动作，前3～4个练习动作每个完成3～4组，采用8～15 RM的负重，每组进行8～15次力竭练习，组间间歇时间为60 s；FST-7练习动作采用12～15 RM左右的负重，重复次数为每组10～12次，完成间歇时间为30～45 s的7组训练，练习动作间间歇时间为60 s。而小肌群通常进行3～

4个练习动作，前2～3个练习动作每个完成3～4组，采用8～12 RM负重，每组进行8～12次力竭练习，组间间歇时间为60 s；FST-7练习动作采用12～15 RM左右的负重，重复次数为每组10～12次，完成间歇时间为30～45 s的7组训练，练习动作间间歇时间为60 s。在训练计划安排中，根据不同运动员的不同情况，每次训练可以练习一个大肌群与一个小肌群，也可以单独练习一个大肌群或者两个小肌群。

另一方面，强调训练强度的FST-7训练（采用单次力竭作为常规训练阶段模式）通常安排如下：大肌群进行4～5个练习动作，前3～4个练习动作每个完成1～2个准备组（12 RM左右负重不至力竭）及1～2个正式组（采用8～10 RM的负重至力竭），组间间歇时间为60 s；FST-7练习动作采用12 RM左右的负重，重复次数为每组10～12次，完成间歇时间为30～45 s的7组训练，练习动作间间歇时间为60 s。而小肌群通常进行3～4个练习动作，前2～3个练习动作每个完成准备组与正式组各1组。准备组使用12～15 RM负重，正式组采用8～12 RM负重，准备组不做至力竭，正式组做至力竭，组间间歇时间为60 s；FST-7练习动作采用12～15 RM左右的负重，重复次数为每组10～12次，完成间歇时间为30～45 s的7组训练，练习动作间间歇时间为60 s。在训练计划安排中，根据不同运动员的不同情况，每次训练可以练习一个大肌群与一个小肌群，也可以单独练习一个大肌群或者两个小肌群。

二、高负荷训练模式的特征

（一）金字塔（Pyramid）训练模式的特征

金字塔训练可以在进行大重量练习组前令充足的血液流向目标肌群。由于在训练过程中重复次数涵盖了从低到高的很大范围（负重可在2～

15 RM 范围内变化），并且所采用的负重（根据不同练习动作组间负重递变量为 2～20 kg）也可以包括从最小负重到最大负重在内的整个力量值范围，因此，这种训练模式可以在整个训练计划中分不同阶段对慢肌纤维、快肌纤维 I 以及快肌纤维 II 均进行较大的刺激。负重练习所刺激的肌纤维数量越多，就可以使越多的肌纤维变得发达（横截面积与肌肉力量获得增长）。

金字塔训练模式在练习动作的选择上也具有多样性的特点。由于这种训练模式可以让肌肉有足够的准备以应对大重量练习，所以可以在训练计划中添加更多复合练习动作。相对于其他训练模式，采用金字塔训练模式进行深蹲、硬拉、挺举等练习具有更好的安全性。

金字塔模式负重训练目前仍是力量训练以及健美训练中最常用的训练手段，适用范围广且容易掌握，任何训练水平的运动员或者健美爱好者都可以采用。

（二）递降组（drop set）训练模式的特征

递降组训练模式通常采用 6～12 RM 的负重范围进行所有的训练。虽然递降组训练不及金字塔训练负重范围涵盖广，但是，由于小组间极其短的间歇时间（甚至无间歇），可以对目标肌群进行深度力竭的训练刺激，以此很大程度地调动目标肌群在常规训练中难以被激活的肌纤维参与发力。递降组训练模式虽然对于肌肉力量以及收缩速度等方面能力提高不大，但是，整个训练过程中可以调动的目标肌群肌纤维数量大，对于肌肉质量的提升有非常好的效果。

（三）超级组（super set）训练模式的特征

超级组训练模式是相对于常规训练模式而言的，由于每组要连续完成两个练习动作且中间无间歇，因而缩短了常规训练模式完成同样训练量所需要的时间，相对提高了训练强度。换一个角度来看，超级组训练

模式可以让训练者在相同时间内完成更大的训练负荷量。另外，超级组训练模式对于肌肉耐力的提高有非常理想的效果，在对于同一个目标肌群采用两个练习动作进行超级组训练时，肌肉持续发力的时间相当于常规模式的两倍，由于这两个练习动作都要求用相同的训练强度与负荷量完成，因此，超级组训练模式在运动员赛前训练中相当实用。除此以外，超级组训练模式可以允许训练者在一次训练中同时进行两块大肌群的练习（当两块大肌群刚好为一对拮抗肌时）。例如，胸部与背部肌群合练，股四头肌与股二头肌合练，这样有利于缩短小训练周期的时间。有的优秀运动员可以在一周内将全身训练 2~3 个循环，这样也就将周训练负荷量增加到了常规训练（一周全身循环）负荷量的 2 倍或以上，一定程度上有利于该部分运动员在备赛期消耗更多热量。

（四）德式容量（GVT）训练模式的特征

GVT 训练模式对于训练者的力量耐力有显著的提升效果。由于所采用的负重通常为 70% 左右的 1 RM，每组重复次数约为 10 次，这样的重复次数也是在发展肌肉围度最理想的范围内。机体需要在整个 10 组练习中完成同样的重复次数并且不减少负重，那么随着组数增加，带来能量消耗以及部分肌纤维的深度疲劳，机体不得不募集更多肌纤维参与用力。而且，在部分肌纤维已经产生一定的疲劳后，后程训练会使得这些肌纤维受到的刺激非常强烈。因此，在营养与恢复充分的前提下，该训练可以让肌肉获得理想的增长。GVT 训练模式的主体部分都是采用多关节的复合练习动作进行训练，这类练习可以使用相对于单关节孤立训练更大的负重，以及让更多肌肉参与到训练中，所以 GVT 训练模式可以让更多肌群在这个阶段的训练中得到相应的刺激与提高，对于训练者整体围度的均衡协调发展也有重要意义。

（五）肌肉筋膜拉伸-7（FST-7）训练模式的特征

FST-7 训练模式的适用面非常广，从初学者到优秀运动员再到顶级运动员都可以采用。而且 FST-7 训练模式可以根据不同需求以训练负荷量或者训练强度为不同侧重点进行训练安排。FST-7 训练模式的常规练习使用的负重是最适合肌肉围度以及力量耐力增加的 8～12 RM 这个范围。同时，在 FST-7 练习部分又强调令肌肉获得最大程度充血及泵感，这使肌筋膜得到最大程度拉伸，让肌肉可以在围度、质量与线条等几个主要影响健美运动员竞技水平的方面都有较理想的提高。此外，FST-7 训练模式可以让训练者针对薄弱部位有所侧重地选择训练或者安排计划。例如，有的运动员手臂是强项而胸肌不够发达，这时候，可以安排手臂训练每两周加入 1 次 FST-7 练习，而胸肌则每次训练都加入 FST-7 练习，通过这种形式增加对弱势肌肉的刺激，可以达到重点提高、全面发展的理想状态。相对于单纯的大重量 HVT，FST-7 训练模式特有的训练特点对于训练者肌肉形态的改善有显著的作用。虽然，大重量负重训练可以增大肌纤维的横截面积，但是，这种肌肉肥大，多数是因为肌肉中的部分肌纤维整体的横截面积增加。从运动员体格发展的标准来分析，这种肌肉肥大在外部形态主要表现为整体围度的变大，而肌腹与起止点附近肌肉围度的比例变化不大。举例来说，一个训练者肱二头肌的肌峰较为平坦，通过某种高负荷大重量训练一段时期后，手臂的围度以及肱二头肌的体积增加了，但是在展示肱二头肌时，形态比例上没有改善，肌峰依然是相对平坦的。而 FST-7 训练更加注重肌肉的极度充血，又由于在最后的练习阶段，间歇时间很短，目标肌群中积聚的血液越来越多，并且没有充足时间回流。这时，肌肉筋膜最薄的部位——肌腹部被扩张的幅度最大，肌肉在这个位置可以获得的生长空间也就越大。在训练效果上，仍然以肱二头肌肌峰平坦的训练者为例，在手臂围度以及肱二头肌体积上的增长幅度不一定相对于大重量 HVT 有更多提升，但是肱二头肌的肌腹位置围度与体积的增加幅度远大于两起止点的增加幅度，也就在视觉上造成了肌峰突出的效果，在一定程度上改善该训练者的肌肉形态，以便在比赛中获得更好的肌肉比例与视觉效果。

第二节　高负荷训练模式效能测试

一、对高负荷训练模式的测试安排

（一）测试时间

整个测试安排在运动员非赛季结束至备赛期初始阶段开始，到备赛期中间阶段结束共 12 周。测试训练安排在每次实验开始前，时间为运动员正常训练时间段的下午 3：00～5：00。第一次采血时间为下午 2：00；第二次采血时间为训练结束后 20 分钟。受试运动员两两一组分别测试。受试运动员测试训练以周为循环，各个部位测试训练顺序安排见表 3-1。

表 3-1　每周训练安排

时间安排	周一	周二	周三	周四	周五	周六	周日
训练部位	肩部	腿部	手臂	休息	胸部	背部	休息

（二）测试 HVT 模式不同部位训练计划

肩部训练计划（表 3-2）、腿部训练计划（表 3-3）、手臂训练计划（表 3-4）、胸部训练计划（表 3-5）和背部训练计划（表 3-6）如下。

表3-2 肩部训练计划

单位：次

练习动作	第一组	第二组	第三组	第四组
坐姿哑铃推举	15	12	8	6
俯身哑铃飞鸟	15	12	10	8
绳索反向飞鸟	15	12	10	8
站姿哑铃侧平举	12	10	10	8
坐姿器械侧平举	15	12	12	10
杠铃耸肩	15	12	8	6

注：预计完成时间为50～55 min。

表3-3 腿部训练计划

单位：次

练习动作	第一组	第二组	第三组	第四组
坐姿提踵	20	15	15	12
坐姿腿屈伸	15	12	10	10
腿举	15	12	10	8
杠铃深蹲*	12	10	8	6
俯身腿弯举	15	12	12	10
直腿硬拉	12	12	10	10
坐姿腿内收/外展	15	12	12	12

注：1. 预计完成时间为60～65 min。
　　2. *杠铃深蹲可更换为哈克深蹲或史密斯深蹲。

表3-4 手臂训练计划

单位：次

练习动作	第一组	第二组	第三组	第四组
站姿绳索下压	15	12	10	10
哑铃颈后单臂屈伸	15	12	10	8
杠铃窄卧推	12	10	8	6
单臂绳索反握下压	12	12	10	8
仰卧上斜哑铃弯举	12	10	8	6
杠铃集中弯举	10	8	8	6
单臂哑铃斜托弯举	10	8	8	6

注：预计完成时间为50～55 min。

表3-5 胸部训练计划

单位：次

练习动作	第一组	第二组	第三组	第四组
上斜杠铃卧推	15	12	8	6
哑铃平板飞鸟	12	10	10	8
下斜杠铃卧推	12	10	8	6
拉力器夹胸	20	15	12	8
双杠臂屈伸	12	12	10	10

注：预计完成时间为40～45 min。

表3-6　背部训练计划

单位：次

练习动作	第一组	第二组	第三组	第四组
反握胸前下拉	15	12	8	6
坐姿划船	12	10	10	8
杠铃划船	12	10	8	6
屈腿硬拉	12	10	8	6
颈前引体向上	12	12	10	10

注：预计完成时间为40～45 min。

二、受试运动员主要生化指标的变化分析

观察和了解赛前训练中某些生化指标的变化规律，可为科学安排赛前训练提供参考，评价训练计划的科学性。血红蛋白（Hb）、血清肌酸激酶（CK）、血尿素（BU）、血清睾酮（T）和皮质醇（C）等生化指标在运动员的身体机能判定和训练监控中已经得到了广泛的应用。本研究根据竞技健美运动的特点，选取相应的检测项目。生化检测采血时间为阶段性训练结束后一周的周一，时间为下午2:00，采血前一日均为休息日。对6名测试运动员阶段性训练前后生化检测的结果见表3-7。

表3-7　运动员在阶段性HVT前后生化项目检测结果

HVT组	测试阶段	皮质醇（nmol/L）	血睾酮（nmol/L）	血尿素（mmol/L）	血清肌酸激酶（U/L）	红细胞数（10^{12}/L）	血红蛋白浓度（g/L）
F	测试前	161	18.9	6.07	463.0	4.22	122
F	测试后	152	22.4	6.24	541.0	4.37	140
H	测试前	151	20.9	6.02	346.0	4.85	151
H	测试后	153	20.5	5.88	401.0	4.79	148

续表 3-7

HVT 组	测试阶段	皮质醇 (nmol/L)	血睾酮 (nmol/L)	血尿素 (mmol/L)	血清肌 酸激酶 (U/L)	红细胞数 (10^{12}/L)	血红蛋 白浓度 (g/L)
J	测试前	133	21.6	6.53	424.1	5.38	159
	测试后	127	22.7	5.67	513.0	5.46	163
K	测试前	118	22.1	6.31	874.3	4.86	147
	测试后	144	23.5	6.76	788.0	4.80	144
L	测试前	212	20.3	6.84	797.5	5.41	160
	测试后	185	22.5	6.57	551.0	5.50	167
M	测试前	146	21.8	5.78	477.3	4.94	148
	测试后	177	22.4	5.94	363.5	5.01	150
均值	测试前	153.50	20.93	6.258	563.70	4.943	147.83
	测试后	156.33	22.33	6.177	526.25	4.988	152.00
标准差	测试前	32.316	1.191	0.384	217.081	0.435	13.790
	测试后	21.407	0.989	0.424	149.462	0.434	10.714
P	—	0.766	0.051	0.681	0.524	0.256	0.249
均值差	—	-2.833	-1.400	-0.082	37.450	-0.045	-4.170

注：概率用 P 表示，全书同。

（一）皮质醇

由表 3-7 的测试数据可知，阶段性 HVT 训练对于受试运动员静态血清皮质醇水平影响不大，测试前后皮质醇指标水平未呈现出显著性差异（$P>0.05$）。说明测试前后受试运动员可能会产生的机体蛋白质分解代谢水平并没有上升或者降低，阶段性 HVT 训练也并未让受试运动员机体的疲劳水平发生改变，整个训练期未使运动员机体呈现过度训练的迹象。

（二）血睾酮

由表 3-7 测试数据可知，经过阶段性 HVT 训练，受试运动员机体血睾酮水平均值上升 1.4 nmol/L，其差异并无显著性意义（$P>0.05$）。

说明阶段性 HVT 训练并未影响受试运动员机体的合成代谢水平,所以这个阶段运动员机体的恢复能力、蛋白质合成能力也不会有明显改变。

(三) 血尿素

由表 3-7 的测试数据可知,阶段性 HVT 训练后,受试运动员机体的血尿素水平没有明显变化,其差异不具有显著性意义 ($P>0.05$)。说明阶段性 HVT 训练没有造成运动员持续的机体疲劳及过度的蛋白质分解。

(四) 血清肌酸激酶

由表 3-7 的测试数据可知,在阶段性 HVT 训练后,受试运动员机体的血清肌酸激酶水平均值下降 37.45 U/L,下降幅度约为 6.6%,其差异并无显著意义 ($P>0.05$)。说明阶段性 HVT 训练对于受试运动员机体的疲劳程度并未产生显著的影响。

(五) 红细胞数

由表 3-7 测试数据可知,阶段性 HVT 训练对于受试运动员血液红细胞数没有明显影响,其差异不具有显著性意义 ($P>0.05$)。说明较短期阶段性 HVT 训练对运动员机体的免疫能力以及运氧能力影响不大。

(六) 血红蛋白浓度

由表 3-7 测试数据可知,在阶段性 HVT 训练后,受试运动员机体血红蛋白浓度均值上升量为 4.17 g/L,幅度为 2.82%,其差异并无显著性意义 ($P>0.05$)。这个测试结果同样说明阶段性 HVT 训练对于受试运动员机体的氧运载能力没有明显改变。

三、受试运动员身体成分指标的变化分析

分别测量受试运动员赛前 20 周、赛前 10 周全身骨密度以及身体成分,并进行比较分析,测试结果见表 3-8。

表3-8 运动员阶段性 HVT 前后身体成分项目测试结果

HVT 组	测试阶段	全身骨密度 (g/cm²)	全身肌肉含量 (g)	全身脂肪含量 (g)	全身总质量 (kg)	上肢肌肉含量 (g)	大腿肌肉含量 (g)	躯干肌肉含量 (g)	腹部肌肉含量 (g)
F	测试前	1.430	71140	13214	88.0	10364	23441	33008	4544
	测试后	1.311	65505	7727	76.1	10140	21359	29769	3676
H	测试前	1.259	79021	12177	94.3	9209	27403	37717	6120
	测试后	1.215	74656	10925	88.6	9287	24296	36387	5050
J	测试前	1.281	77771	10501	91.4	12186	25993	35080	5261
	测试后	1.301	72302	7021	82.4	11841	24044	32187	3969
K	测试前	1.489	95501	9393	109.0	12113	32046	46662	7337
	测试后	1.401	90464	5636	99.3	13830	30617	41436	6211
L	测试前	1.304	77645	13021	93.8	12821	26632	33606	5109
	测试后	1.317	68149	7517	78.8	11222	22449	30575	3867
M	测试前	1.300	76659	7978	87.7	10476	25047	36580	5152
	测试后	1.342	72149	5017	80.2	10258	23588	34005	4967
均值	测试前	1.344	79622.83	11047.34	94.03	11194.83	26760.33	37108.83	5587.17
	测试后	1.315	73870.83	7305.67	84.22	11096.33	24392.17	34059.00	4623.33
标准差	测试前	0.093	8253.027	2112.915	7.843	1387.112	2929.507	5002.307	995.834
	测试后	0.061	8764.727	2070.448	8.514	1608.373	3240.423	4334.149	971.439
P	—	0.318	0.001	0.002	0.001	0.830	0.003	0.002	0.002
均值差	—	-0.029	5752.000	3741.670	9.810	98.500	2368.170	3049.830	963.833

（一）全身骨密度

由表 3-8 的测试数据可知，受试运动员在采用 HVT 模式后，全身骨密度均值仅上升 0.029 g/cm^2，无明显变化。说明阶段性 HVT 模式对于运动员机体骨密度没有明显影响。

（二）全身肌肉含量

由表 3-8 的测试数据可知，受试运动员全身肌肉含量均值下降量为 5752 g，降幅为 7.22%，其具有非常显著性差异（$P<0.01$）。而这其中，肌肉含量下降最多的是躯干部位，其次是大腿，上肢肌肉几乎没有流失。测试结果从侧面反映 HVT 模式不利于保持运动员整体肌肉含量，虽然脂肪百分数有一定程度的下降，但是在同期内，肌肉流失百分比大于脂肪百分比下降值，而上肢与躯干、大腿间肌肉发达程度的差距也随备赛进程而进一步加大了。

（三）全身脂肪含量

由表 3-8 的测试数据可知，受试运动员全身脂肪含量均值减少 3741.67 g，降幅为 33.87%，其具有非常显著性差异（$P<0.01$）。但与此同时，全身肌肉含量减少量达到 5752 g，降幅达到 7.22%，受试运动员每减少 1 g 脂肪就会损失 1.54 g 肌肉，而所损失的肌肉主要来自原本发达程度就较低的躯干与大腿区域，造成肌肉发展不均衡的情况趋于严重。测试结果说明，HVT 模式对于受试运动员备赛期减脂而言效率非常低，不但在规定时间内不能达到预期脂肪百分比目标，而且其间瘦体重损失严重。

（四）全身总质量

根据测试结果可知，受试运动员体重均值减少 9.81 kg，降幅为 10.43%，其具有非常显著性差异（$P<0.01$）。但在减去的体重中，接近 59% 的重量来自肌肉，仅有约 41% 的重量为减去的脂肪重量。虽然在

10周的阶段性训练过程中，体重降低的速度非常理想，但是减脂效率低下，瘦体重流失严重，并且造成上下肢、躯干等部位肌肉发达程度失调的状况更加严重。

总而言之，如果运动员为了参加某一个特定的级别比赛而需要减少非常多的体重，但并不在意牺牲肌肉围度与质量，那么可以采用 HVT 模式作为赛前训练模式。

四、受试运动员身体形态指标的变化分析

采用 HVT 模式对受试运动员身体形态的影响主要是身体各部位肌肉围度及比例的改变。受试运动员阶段性 HVT 后体围数据见表 3-9。

由表 2-5 和表 3-9 的测试数据分析可知，受试运动员多数区域围度并没有产生明显变化，前后测试结果并不具有显著性差异（$P > 0.05$）。臀围与腰围均值发生明显下降，下降量分别为 3.72 cm 及 6.30 cm，且前后测试结果具有显著性差异（$P < 0.01$）。这两个区域的体围指数分别由 62.16、49.83 下降至 59.97、46.12，与 55、43.88 的理想指数虽然还有一定差距，但相差程度大幅降低，其主要原因是腰腹部区域及髋关节区域脂肪含量及百分数依然过高，如果临近赛前可以达到理想体脂含量及百分数，这两个区域的体围指数有望达到理想值。阶段性 HVT 模式训练后，臀围与腰围以外的其他部位体围指数并无发生明显变化，其他区域间肌肉围度比例不均衡的问题并没有明显改善。

表3-9 受试运动员阶段性HVT后体围数据

单位：cm

人员	身高	颈围	肩围	胸围	上臂围		前臂围		大腿围		臀围	腰围	小腿围	
					左直臂	右直臂	左前臂	右前臂	左大腿	右大腿			左小腿	右小腿
F	170	44.2	125.9	113.1	37.5	37.7	30.7	31.0	62.0	61.2	99.7	72.7	38.1	38.2
H	169	46.0	127.1	116.1	39.2	39.4	30.3	31.9	64.2	64.0	101.1	82.0	40.6	40.8
J	175	43.5	124.5	112.0	40.5	38.9	31.0	30.7	59.8	58.5	100.0	73.9	38.5	38.6
K	162	44.2	126.1	115.4	36.0	36.1	30.2	30.7	62.6	61.5	99.8	72.2	41.3	41.0
L	169	46.1	133.7	122.6	41.0	42.0	31.8	32.0	67.7	65.8	108.8	86.8	45.1	45.2
M	174	45.1	126.7	115.5	40.1	40.0	30.0	29.5	63.8	64.0	101.7	82.4	39.5	39.7
均值	169.833	44.85	127.333	115.783	39.05	39.02	31.15	30.967	63.35	62.5	101.850	78.333	40.517	40.583
标准差	4.622	1.060	3.243	3.370	1.936	2.013	0.855	0.920	2.640	2.611	3.497	6.175	2.552	2.527
P	—	0.101	0.076	0.934	0.312	0.853	0.196	0.090	0.226	0.093	0.003	0.003	0.859	0.031
体围指数	100.00	26.41	75.00	68.17	22.99	22.98	18.34	18.23	37.30	36.80	59.97	46.12	23.86	23.90

第三节　高负荷训练模式效能分析与评价

一、效能分析

（一）金字塔训练模式的效能分析

金字塔训练模式要求非常高的训练组数、较大的训练负荷量以及相对长的间歇时间，这就使得整个计划的完成时间较长。又因为在持续运动训练过程中，特别是大重量负重练习时，训练效果很大程度上取决于血睾酮水平（合成代谢水平）。而过长时间的负重训练通常会导致血睾酮水平开始大幅下降、皮质醇水平（分解代谢激素水平）开始大幅上升，不但影响后期训练质量与效果，而且使机体需要更多时间进行调整恢复，并且容易造成训练过度，延长了两次训练之间的间隔时间，所以在总训练时间上需要非常严格地根据自身情况控制与把握。又因为在单次训练期间总重复次数与组数都较高，对于关节软组织的损伤风险也相对较大。另外，在金字塔训练模式计划中，因为训练负重通常是逐级递增的，所以在进行最大重量训练之前已经进行了较多组数的"预先疲劳"，体能消耗相对较大，如果训练者体能储备不足或者训练状态不佳就很难高质量地完成大重量练习，致使整体训练的效果大打折扣。

（二）递降组训练模式的效能分析

递降组训练模式对于训练者的训练水平与训练经验要求较高，组间间歇时间较难掌控（特别是重量递减时尽量做到无间歇，这对于普通训练者来说非常困难）。另外，在连续完成一两个负重动作的多次重复后，由于肌肉的深度疲劳，如果不能很好保证动作的规范性，容易提升受伤的风险。而且递降组训练是一种同时强调训练负荷量与训练强度的训练模式，训练者应该根据自身情况选择合适的组数与练习个数，否则容易造成训练过度与关节软组织的损伤。

（三）超级组训练模式的效能分析

超级组训练模式也存在一定的不足。一方面，在针对同一目标肌群训练中可以使用的负重不能过大，否则难以按照同样强度与负荷完成无间歇的后一个练习动作。另一方面，超级组训练负荷量大，容易造成训练过度与机体疲劳，不适合在增长肌肉围度时期采用。如果训练期间没有充足的营养保证与休息使机体迅速恢复，极有可能造成免疫力低下，从而影响运动员的运动能力与竞技状态。

（四）德式容量训练（GVT）模式的效能分析

首先，GVT 模式需要运动员在饮食、营养摄入方面有相应的充足准备。运动员每天都需要摄入支持身体从训练后的疲劳状态迅速恢复的碳水化合物、蛋白质与优质脂肪，以及丰富的矿物质与维生素。如果机体无法在如此高负荷的训练后得到充分恢复，也就无法得到理想的肌肉增长。而 GVT 模式更适合健美运动员在非赛季采用；而在赛季的减少热量以及碳水化合物摄入阶段不建议采用，容易造成训练过度与机体疲劳。

其次，GVT 模式主体部分均为大重量、多关节复合练习动作，所以在训练后半程需要在训练搭档的保护下进行，动作姿势要尽量规范，以防止由于疲劳、注意力无法集中而造成的意外伤害。再加上 GVT 模式的组间间歇时间相对较长，且动作节奏要求较慢，因此单次训练的总训练时间也较长，对体能的要求较高。

最后，GVT 模式对机体的能量消耗较大，需要更长的间隔时间来准备下一次练习，通常为 5 天左右。所以，GVT 模式对于单一肌群的训练频率较低。

（五）肌肉筋膜拉伸-7（FST-7）训练模式的效能分析

在练习动作的选择上，FST-7 训练模式有其较为特殊的要求：在常规训练中，通常选择可以采用较大负重的多关节复合练习动作，并且更多采用自由负重进行训练，如深蹲、卧推、硬拉、杠铃推举等基础练习。而在 FST-7 练习部分，通常采用安全系数较高、采用负重不大的单关节孤立练习动作，并且多在固定式组合器械上完成练习，如器械侧平举、蝴蝶机夹胸、坐姿器械划船、腿屈伸及腿弯举等。当然，在制订具体训练计划时，根据训练者的不同训练水平以及训练目标肌群的发达程度，在 FST-7 练习部分也可以做出适当的调整。例如，在进行股四头肌训练安排时，训练者在 FST-7 练习阶段采用腿举进行训练，此次训练后的 4～5 天，若迟发性肌肉酸疼症状尚未能消除，从而影响了下次股四头肌训练质量，下次训练则应采用完成难度较低的坐姿腿屈伸作为 FST-7 练习动作；相反，如果迟发性肌肉酸痛只持续了 1～2 天，则可以考虑在下一次训练中安排动作难度更高的哈克深蹲作为 FST-7 练习动作。

二、效能评价

第一，健美运动的 HVT 模式，除具备一般负重训练模式的特征外，主要是依托或借助不同重物（器械），采用以增加肌肉强度、发达肌群、提高耐力为目的的训练方法和动作组合，并有选择性地进行不同重量、不同组数、不同间隙、不同重复次数的抗衡重力训练，促使肌纤维出现选择性肥大，有针对性地发达身体不同部位的肌肉，以提高运动员身体肌肉饱满度，促进肌体的均衡性，调整体形的对称性，塑造健壮、优美的身体形态。

第二，采用 HVT 模式对运动员静态生理生化指标没有明显影响，对运动员全身骨密度也没有影响。而备赛期采用 HVT 模式会造成运动员较严重的瘦体重流失。同时，全身各区域肌肉发达程度差距加大，对于全身脂肪下降具有一定帮助，但没有达到理想效果；对于脂肪分布情况有较好改善，趋于合理。

第三，采用 HVT 模式对于运动员模拟训练中及规定动作造型时肌肉的控制与调动能力有一定的提升作用。

第四，采用 HVT 模式后，受试运动员臀围及腰围明显减小，体围比例指数与理想指数差值明显缩小，但由于这两个区域脂肪含量依然没有达到理想区间，所以这两个区域体围指数还有进一步改善的空间。但受试运动员机体其他部位围度比例指数并没有产生明显变化，说明运动员不同部位肌肉的发达程度不均衡问题，并没有在赛前采用 HVT 模式后得到改善。

如上所述，以我国优秀男子健美运动员的实际训练测试结果看，引起世界健美界高度关注的几种 HVT 模式，其所采用的具体训练方式之间存在着交叉性、关联性和多样性。在训练方法的运用细节上，则因人而异。特别是在负重训练中，组数、次数和重量的不同运用，都围绕着更有效地调动更多肌纤维参与运动，从而使肌纤维增粗、肌肉中的毛细血管网增多、肌肉的生理横断面增大、身体肌肉变得丰满发达这一核心目标。因此，这些引起关注的训练模式，是在不断发展、变化、创新的过程中逐步形成的，根据自身情况，不同训练者适合不同的训练模式。

第四章
健美运动员高强度负重训练模式

在当今竞技体育的田径、游泳、皮划艇等项目中，HIT 已成为优秀运动员训练计划的重要内容。近年来，该模式在竞技健美负重训练中也被世界上越来越多的运动员所接受，特别是在欧美国家，该模式已成为许多优秀健美运动员日常训练的重要内容。高强度负重训练模式的特点是：强度大、组数少、频率低、时间短，以及竭尽全力。组数、次数和重量的不同运用，都围绕着有效地调动更多肌纤维参与运动，从而使肌纤维增粗，肌肉中的毛细血管网增多，肌肉的生理横断面增大，目标肌肉变得饱满发达这一核心目标。在训练中，组数、次数相对少一些，但训练强度非常高，负重也非常大，对目标肌群的刺激强烈，增肌效果明显。本章重点对我国 6 名优秀男子健美运动员采用 HIT 模式前后，身体机能指标变化情况的分析研究，为不同负重训练模式在中国健美运动员实际训练中的效能，提供准确的评价比对数据。

第一节　高强度训练模式的概念与特征

国际上，通常把 HIT 定义为：训练强度大于无氧阈，每组训练的持续时间比通常采用的中等强度训练持续时间要短，为 10 s 至 5 min；间歇期通过采用低强度运动方式或完全休息方式使机体不完全恢复。HIT 训练的目的是通过反复刺激，使运动相关生理系统获得更高的运动适应。HIT 包括负荷强度、负荷持续时间、间歇休息的强度、间歇休息持续时间、负荷次数、运动方式、组数、多组持续时间、组间强度和组间持续时间 10 个因素。[1] 本研究根据世界健美界认可的 HIT 训练模式，以 10 个构成因素为测试基础，对我国优秀男子健美运动员采用 HIT 训练的效能进行科学测试与评价。

一、高强度训练模式的概念

在当今世界竞技健美训练领域内，HIT 模式主要有以下三种：①单组力竭（one set to failure）训练模式；②停歇（rest-pause）训练模式；③巨型组（giant set）训练模式即超级组训练模式。[2]

（一）单组力竭训练模式

单组力竭（one set to failure，以下简称 OSF）训练模式，顾名思义，就是一组训练至完全力竭。[3] 又称用最少训练换取最大进步的训练

---

[1] Joe Weider, *Joe Weider's bodybuilding system*（Weider Publish, 2001）, *Best of Joe Weider's muscle and fitness: Champion Bodybuilders' training strategies and routines*（Contemporary Books, 1982）, *Joe Weider's muscle and fitness training notebook: An illustrated guide to the best muscle-building*（AMI Books, Collector's Edition, 2005）; Paul B Laursen, David G Jenkins, "The scientific basis for high-intensity interval training: Optimising training programmes and maximising performance in highly trained endurance athletes," *Sports Med*, 2002, 32(1); Iñigo Mujika, Alfredo Goya, Sabino Padilla, et al., "Physiological responses to a 6-d taper in middle distance runners: influence of training intensity and volume," *Med Sci Sports Exerc*, 2000, 32(2); Marcello F Iaia, Martin Thomassen, Helle Kolding, et al., "Reduced volume but increased training intensity elevates muscle Na1-K1 pump alpha1-subunit and NHE1 expression as well as short-term work capacity in humans," *Am J Physiol Regul Integr Comp Physiol*, 2008, 294(3); Jonathan Esteve-Lanao, Carl Foster, Stephen Seiler, et al., "Impact of training intensity distribution on performance in endurance athletes," *J Strength Cond Res*, 2007, 21(3).

[2] Dorian Yates, *Blood and guts*（Little-Wolff Pub Group, 1993）; Vladimir Zatsiorsky, William Kraemer, *Science and practice of strength training*（Human Kinetics, 2nd Edition, 2006）; Arnold Schwarzenegger, Bill Dobbins, *The new encyclopedia of modern bodybuilding*（Simon & Schuster, 1999）.

[3] Dorian Yates, *Blood and guts*（Little-Wolff Pub Group, 1993）.

模式。但是，这一组训练至力竭中的"一组"指的是整个练习动作中的有效正式组。OSF 训练中组间间歇时间为 60 s，练习动作之间间歇时间也为 60 s。在训练计划安排中，同样可以采取每次训练一个大肌群与一个小肌群，也可以单独训练一个大肌群或者两个小肌群。根据运动员的不同情况，大肌群进行 3～4 个练习动作，完成 6～8 组练习；小肌群进行 2～3 个练习动作，完成 4～5 组练习。训练所采用负重为：准备组 15 RM 左右，正式组 6～10 RM。

（二）停歇（rest-pause）训练模式

停歇训练模式是指在进行充分的肌肉预热与准备组练习后，将正式组练习分为若干小组完成，目的是增加正式组练习的总重复次数。[①] 第一小组重复至力竭，间歇 5～10 s；而后使用同一负重再进行第二小组练习重复一定次数至力竭，再间歇 5～10 s；开始第三小组，依此类推，直到无法完成一次完整的练习动作。在训练计划安排中，可以采取每次训练练习一个大肌群与一个小肌群，也可以单独训练一个大肌群或者两个小肌群。训练所采用负重为：准备组 15 RM 左右，正式组 6 RM。

（三）巨型组（giant set）训练模式

巨型组训练模式即超级组训练模式，是指在训练过程中，连续完成同一肌群的 4 个或者更多训练动作各 1 组、且无间歇作为一个巨型组。[②] 通常每个肌群完成 2～3 个巨型组，各个巨型组之间间歇时间为 90～120 s，每个巨型组所用负重均较前一组递增。在训练计划安排中，可以采取每次训练练习一个大肌群与一个小肌群，也可以单独训练一个大肌

[①] Mentzer M, *Heavy duty*（Redondo Beach, CA：Mentzer-sharkey Enterprises, 1993）.

[②] Arnold Schwarzenegger, Bill Dobbins, *The new encyclopedia of modern bodybuilding*（Simon & Schuster, 1999）.

群或者两个小肌群。根据不同运动员的不同情况，大肌群进行 4 个或以上练习动作，完成 2～3 组巨型组练习；小肌群进行 3 个或以上练习动作，完成 3～4 组练习。训练所采用负重为：准备组 12 RM 左右，正式组 6 RM。

二、高强度训练模式的特征

（一）单组力竭（OSF）训练模式的特征

OSF 训练模式的要求就是一组训练至完全力竭。在测试训练时，要全力以赴完成尽可能重的 8～10 次重复，在动作速度上，需要可控的节奏，在目标肌群由原长开始进行最大收缩过程中，采用快速爆发式用力积极收缩；而由最大收缩至恢复原长的过程中，采用退让训练技术做离心运动还原。同时，每一次重复练习都要求动作完全规范，注重肌肉的全程伸缩与控制。因此，正式测试训练之前的热身练习要相当充分，尽可能让更多肌纤维得到预热，关节韧带软组织也要有足够充分的准备。否则，容易造成肌肉撕裂或者关节韧带损伤等严重问题。大多数运动员不适合连续多日进行 OSF 训练模式，因为在测试训练中需要中枢神经系统达到最大紧张，而在这之后的神经系统的恢复需要较长的时间，为了确保训练测试质量，训练测试频率为隔天一次。

（二）停歇（rest-pause）训练模式的特征

与 OSF 训练模式一样，停歇训练要求在正式测试训练过程中，全力以赴采用 8 RM 负重完成尽可能多的重复次数，并且在动作速率上要完全可控。在目标肌群由原长开始进行最大收缩过程中，采用快速爆发式用力积极收缩；而由最大收缩至恢复原长的过程中，采用退让训练技术做离心运动还原。测试训练要保证动作的准确性与规范性，每一次重复都让目标肌群产生全程伸缩运动。在测试训练之前，整个热身练习要充

分，尽可能让更多肌纤维得到预热，关节韧带软组织也要有足够的准备，以避免由于热身与准备活动不充分造成肌肉撕裂或者关节韧带损伤等问题。对于大多数运动员来说，停歇训练模式也不适合连续多日进行，因为在训练中需要中枢神经系统达到最大紧张，且在这之后需要较长时间的恢复，为了确保测试训练的质量与安全性，训练测试隔天进行。

（三）巨型组（giant set）训练模式的特征

巨型组训练模式的重要先决条件就是尽量少的间歇与每组练习的完全力竭。进行该模式测试训练时，要求使用常规训练时所用的负重，重复至力竭即可，并且严格控制间歇时间，以达到准确的测试训练效果。在练习动作选择上，根据测试需要选择对于目标肌群刺激最集中的或者练习后充血感最强的练习动作。而在测试训练动作顺序的编排上，根据使用的负重、动作危险系数，以及动作完成难易程度由高到低顺序编排。以此让目标肌群得到最大程度的刺激，使整个测试训练过程中身体能量的稳定输出与训练强度基本恒定。在测试训练负荷量安排上，大组数不超过3组，以避免训练过量造成肌肉劳损，同时尽可能让受试运动员使用能力范围内的较大负重（但是最少重复次数不少于6次）及尽量短的间歇时间。为了确保测试训练质量与安全性，该训练测试频率也是隔天进行。

第二节 高强度训练模式效能测试

一、对高强度训练模式的测试安排

（一）测试时间

测试训练安排在整个实验开始前，时间为运动员正常训练时间段的下午3：00～5：00。第一次采血时间为下午2：00；第二次采血时间为训练结束后20分钟。受试运动员两两一组分别在同一测试周的周一、周二及周三进行训练测试，训练测试前一天均为休息日。

（二）测试身体部位训练计划（以腿部训练为例）

根据问卷调查与专家访谈结论，采用OSF训练作为测试训练模式，测试所采用的HIT模式大腿及臀部训练计划见表4-1。

表4-1 大腿与臀部OSF训练计划

单位：次

练习部位	训练内容	准备组一	准备组二	正式组
股四头肌	坐姿腿屈伸	15	12	10
	腿举	12	0	8
	杠铃深蹲	12	0	8
	坐姿腿外展	0	0	12
股二头肌、臀大肌	坐姿腿内收	15	12	10
	俯身腿弯举	15	0	10
	直腿硬拉	0	0	10
	杠铃箭步走	30步	0	30步

以上训练计划组间间歇60 s，练习动作之间的间歇也为60 s，动作频率采取"2-0-1"节奏（2 s肌肉退让拉长，顶部不停顿，1 s肌肉发力收缩）。准备组练习至中等程度疲劳，正式组练习至力竭，2名受试运动员交替进行练习。每次重复均以前半程肌肉爆发式快速发力收缩，后半程退让式慢速回到起始位置，每组练习均重复至力竭（在无法完成预定次数时由一同训练的运动员辅助完成）。整个训练计划完成时间为35～40 min。

二、受试运动员主要生化指标的变化分析

生化检测采血时间为阶段性 HIT 结束后一周的周一，时间为下午 2：00，采血前一日均为休息日。对 6 名受试运动员阶段性 HIT 训练前后生化检测结果见表 4-2。

表 4-2 运动员在阶段性 HIT 前后生化项目检测结果

HIT 组	测试阶段	皮质醇 (nmol/L)	血睾酮 (nmol/L)	血尿素 (mmol/L)	血清肌酸激酶 (U/L)	红细胞数 (10^{12}/L)	血红蛋白浓度 (g/L)
A	测试前	139	20.8	7.10	719.0	5.59	168
	测试后	144	22.9	7.00	664.8	5.53	161
B	测试前	196	25.3	6.58	560.7	5.17	153
	测试后	154	22.9	7.40	729.5	5.28	158
C	测试前	142	17.3	5.12	477.4	4.66	143
	测试后	127	19.2	5.84	396.0	4.57	141
D	测试前	233	22.9	7.34	633.0	4.92	146
	测试后	259	23.7	7.86	757.3	5.07	151
E	测试前	116	15.8	5.78	324.0	4.80	151
	测试后	163	19.1	6.73	459.0	4.91	154
G	测试前	231	21.9	7.35	694.4	4.36	131
	测试后	202	20.3	7.61	537.2	4.43	136
均值	测试前	176.167	20.667	6.545	568.083	4.917	148.667
	测试后	174.833	21.350	6.998	590.633	4.965	150.167
标准差	测试前	50.594	3.550	0.917	148.863	0.426	12.242
	测试后	48.239	2.055	0.685	148.746	0.418	9.786
P	—	0.927	0.488	0.071	0.703	0.287	0.493
均值差	—	1.333	-0.683	-0.453	-22.550	-0.048	-1.500

（一） 皮质醇

由表 4-2 的数据可知，HIT 对于受试运动员静态血清皮质醇水平影响不大，测试前后皮质醇指标水平未呈现出显著性差异（$P>0.05$）。该测试结果说明测试前后受试运动员可能会产生的机体蛋白质分解代谢水平并没有上升或者降低，阶段性 HIT 训练也并未让受试运动员机体的疲劳水平发生改变，整个训练期运动员机体未呈现过度训练的迹象。

（二） 血睾酮

由表 4-2 的数据可知，经过 HIT，受试运动员机体血睾酮水平均值略微上升 0.683 nmol/L，略低于同等条件下 HVT 组 1.4 nmol/L 的升高量，但两组受试运动员前后测试结果的差异均无显著性意义（$P>0.05$）。该测试结果说明，HIT 并未明显影响受试运动员机体的蛋白质合成代谢水平，所以这个阶段运动员机体的恢复能力也不会有明显改变。

（三） 血尿素

由表 4-2 的数据可知，HIT 后，受试运动员机体的血尿素水平没有明显变化，仅略微升高 0.453 nmol/L，其差异不具有显著性意义（$P>0.05$）。该测试结果说明，阶段性 HIT 并没有造成运动员持续的机体疲劳程度以及蛋白质分解代谢的加剧。

（四） 血清肌酸激酶

由表 4-2 的数据可知，在采用 HIT 后，受试运动员机体的血清肌酸激酶水平均值升高 22.55 U/L，升幅约为 3.97%，但差异并无显著意义（$P>0.05$）。该测试结果说明阶段性 HIT 对于受试运动员机体的疲劳程度并未产生显著的影响。

（五） 红细胞数

由表 4-2 的数据可知，阶段性 HIT 对于受试运动员血液红细胞数没

有明显影响,均值仅略微上升 0.048×10^{12}/L,而且前后差异不具有显著性意义($P>0.05$),情况与 HVT 组基本相同。该测试结果说明较短期阶段性 HIT 对运动员机体的免疫能力以及运氧能力影响不大。

(六) 血红蛋白浓度

由表 4-2 的数据可知,在阶段性 HIT 后,受试运动员机体血红蛋白浓度均值上升量为 1.5 g/L,幅度为 1.01%,且差异并无显著性意义($P>0.05$)。该测试结果说明,阶段性 HIT 对于受试运动员机体的氧运载能力没有明显改变。

三、受试运动员身体成分指标的变化分析

分别测量受试运动员赛前 20 周、赛前 10 周全身骨密度以及身体成分,并进行比较分析,测试结果见表 4-3。

表 4-3 运动员阶段性 HIT 前后身体成分检测结果

HIT 组	测试阶段	全身骨密度（g/cm²）	全身肌肉含量（g）	全身脂肪含量（g）	全身总质量（kg）
A	测试前	1.451	65825	14300	83.9
	测试后	1.432	68465	10015	82.2
B	测试前	1.257	61610	8240	72.7
	测试后	1.306	66764	3918	73.5
C	测试前	1.269	77611	10471	91.3
	测试后	1.273	78615	5072	86.7
D	测试前	1.298	64740	8433	75.9
	测试后	1.350	66927	4142	73.8
E	测试前	1.499	75024	8360	87.1
	测试后	1.142	73702	6132	83.4
G	测试前	1.305	75358	12726	91.3
	测试后	1.342	82637	5831	91.4

续表4-3

HIT 组	测试阶段	全身骨密度（g/cm²）	全身肌肉含量（g）	全身脂肪含量（g）	全身总质量（kg）
均值	测试前	1.338	70028.00	10421.67	83.70
	测试后	1.354	72851.67	5851.67	81.83
标准差	测试前	0.188	6734.72	2581.43	7.860
	测试后	0.062	6649.75	2221.81	7.096
P	—	0.326	0.072	0.001	0.081
均值差	—	-0.016	-2823.670	4570.000	1.870

（一）全身骨密度

由表4-3的数据可知，受试运动员在HIT后全身骨密度无明显变化，均值仅上升0.016 g/cm²，其差异不具有显著性意义（$P>0.05$）。该测试结果说明HIT训练对于运动员机体骨密度没有明显影响。

（二）全身肌肉含量

由表4-3的数据可知，HIT后，受试运动员全身肌肉含量均值上升2823.67 g，较实验前提升4.03%，但结果并不具有显著性差异（$P>0.05$）。而6名受试运动员中，有5人瘦体重增加、1人降低，因此，HIT对于运动员增加肌肉含量还是有一定帮助的，但是不排除瘦体重增加的受试运动员有较多的瘦体重增量来自肌肉内或体内水分的增加。

（三）全身脂肪含量

由表4-3的数据可知，HIT后，受试运动员全身脂肪含量均值减少4570 g，下降幅度达43.85%，其测试结果具有非常显著性差异（$P<0.01$）。由此可以判断，HIT对于受试运动员备赛期减脂具有非常积极的影响。又因为在这个过程中，大多数受试运动员瘦体重含量并没有流失且有一定程度的上升，部分区域间肌肉发达程度的均衡性也有一定改善，所以，HIT在运动员备赛期具有较高效率并且能够带来理想的

整体效果。

(四) 全身总质量

由表4-3的数据可知,HIT之后受试运动员体重均值减少量为1.87 kg,下降幅度为2.23%,但测试结果并不具有显著性差异($P>0.05$)。

由此可见,虽然阶段性HIT对于受试运动员体重改变影响不明显,但是在此阶段,受试运动员机体脂肪含量产生了大幅下降,同时大多数运动员肌肉含量有一定幅度的上升,这是导致受试运动员体重变化不明显的主要原因。与此同时,运动员身体各个部位的肌肉发展及脂肪分布均衡度都有一定的改善,且不会造成肌肉围度的损失,有利于运动员竞技状态的提升。如果运动员并不需要大幅度降低体重以参加某个特定级别的比赛,而是希望尽量维持好的肌肉围度与质量,注重比赛状态,建议采用HIT模式进行备赛。

四、受试运动员身体形态指标的变化分析

阶段性HIT模式训练对受试运动员身体形态的影响主要表现在对运动员身体各部位肌肉围度及比例的改变。受试运动员阶段性HIT后体围数据见表4-4。

由表2-5和表4-4测试数据分析可知,阶段性HIT训练后,受试运动员颈围小幅减少,其结果呈显著性差异($P<0.05$);左上臂及右前臂围度均值出现了小幅上升,且左上臂围度前后测的结果有显著性差异($P<0.01$),右前臂围度前后测的结果差异性也显著($P<0.05$);腰围及臀围均值有较大幅度下降,前后测的结果具有非常显著性差异($P<0.01$)。除以上5个区域外,受试运动员其他部位围度虽然也有小幅变化,但前后测的结果并不具有显著性差异($P>0.05$)。而产生围度变化

表4-4 受试运动员阶段性HIT后体围数据

单位：cm

人员	身高	颈围	肩围	胸围	上臂围 左直臂	上臂围 右直臂	前臂围 左前臂	前臂围 右前臂	大腿围 左大腿	大腿围 右大腿	臀围	腰围	小腿围 左小腿	小腿围 右小腿
A	170	43.2	124.6	120.3	38.8	38.5	31.4	31.1	60.2	59.5	100.0	76.4	38.6	38.9
B	168	40.0	124.3	109.9	36.6	37.0	29.8	30.1	57.4	59.1	95.1	79.5	36.5	37.3
C	174	43.2	129.8	120.6	38.2	38.5	30.3	30.7	62.3	63.0	101.0	78.2	38.2	37.8
D	174	42.6	120.2	111.4	38.3	38.1	30.2	30.5	60.5	61.0	99.8	78.6	37.6	37.3
E	160	42.9	127.1	115.0	36.2	35.5	30.4	30.8	59.9	60.5	98.6	79.3	38.8	39.2
G	178	40.7	122.7	109.0	39.1	38.6	30.1	30.3	61.7	62.3	98.4	75.9	39.7	39.8
均值	170.667	42.100	124.780	114.367	37.867	37.700	30.367	30.583	60.333	60.900	98.820	77.980	38.233	38.383
标准差	6.282	1.391	3.350	5.140	1.189	1.231	0.547	0.036	1.707	1.532	2.060	1.504	1.097	1.060
P	—	0.032	1.000	0.321	0.001	0.230	0.087	0.023	0.212	0.448	0.000	0.003	0.070	0.771
体围指数	100.00	24.67	73.11	67.01	22.19	22.09	17.79	17.92	35.35	35.68	57.90	45.69	22.40	22.49

且前后测的结果具有显著性差异的区域体围比例指数分别为 24.67、22.19、17.92、57.90 及 45.69，这些指标在阶段性 HIT 前的数值分别为 24.81、22.07、17.73、59.50 及 46.87。臀围、腰围两项指标体围指数已经较在阶段性 HIT 前的数值更接近理想值，虽然下降幅度没有 HVT 组受试运动员明显，但训练后测的结果两组运动员基本持平。HIT 组运动员该两项指标下降幅度不及 HVT 组运动员。分析原因，可能是 HIT 组运动员整个躯干部位包括这两个区域瘦体重含量的较大幅度增加导致的。虽然这两个区域脂肪水平已经在赛前 10 周达到理想水平，后期通过该区域较少脂肪含量以接近理想体围比例的潜力不及 HVT 组受试运动员大，但是通过前面各项测试发现，备赛后阶段继续采用 HIT 训练，或是借助 HIT 训练增加机体某些区域瘦体重含量的优势，可以在整体上帮助改善这两个区域与其他部位间的围度比例。从目前阶段测试结果来看，受试运动员通过阶段性 HIT 训练也未能明显改善大多数部位间的肌肉围度比例发展不均衡的问题。

第三节　高强度训练模式效能分析与评价

通过 OSF、停歇（rest-pause）、巨型组（giant set）三种训练模式，以 10 个构成因素为基础，对优秀男子健美运动员高强度训练的效能进行科学评价。

一、效能分析

（一）OSF 训练模式效能分析

OSF 训练模式完成所消耗的时间是所有训练模式中最少的。在训练过程中，由于每个练习动作的正式组只有 1 组，要求在正式组全力以赴

完成尽可能重的 8～10 次重复；在动作速度上，需要尽可能可控的节奏；在目标肌群由原长开始进行最大收缩过程中，采用快速爆发式用力积极收缩；而由最大收缩至恢复原长的过程中，采用退让训练技术做离心运动还原。同时，每一次重复练习都要求动作完全规范，注重肌肉的全程伸缩与控制。所以当身体竭尽全力只为一组练习全力以赴的时候，中枢神经系统也会最高程度地紧张，达到训练中的神经性适应。[1] 因此，OSF 模式在训练过程中对于目标肌群可以产生最大的神经冲动，募集尽可能多数量的肌纤维参与工作，对于肌肉量、最大肌力、肌肉耐力、肌肉爆发力都有非常好的提高作用。[2]

（二）停歇训练模式效能分析

作为 OSF 训练模式的一种升级版本，停歇训练模式不但在训练量上具有 OSF 模式的特征，训练总耗时也非常接近。停歇训练模式要求在正式组每一个小组过程中，全力以赴采用 8 RM 负重完成尽可能多的重复次数；在动作速率上，需要尽可能完全控制；在目标肌群由原长开始进行最大收缩的过程中，采用快速爆发式用力积极收缩；而由最大收缩至恢复原长的过程中，采用退让训练技术做离心运动还原。保证练习动作的准确性与规范性，保证每一次重复都让目标肌群产生全程伸缩运动。而且在练习过程中，可以让中枢神经产生最高度的紧张与神经冲动，募集最多目标肌群肌纤维数量，激活核心肌群。[3] 同时，对于肌肉的力量

---

[1] 参见李庆、王光林《关于力量训练中负荷量问题的思考和研究——单组训练与多组训练》，载《体育科学》2004 年第 2 期。

[2] 参见赵少平《论健美运动的训练方法》，载《中国科教创新导刊》2010 年第 11 期。

[3] 参见沈鹏《浅析静力拉伸对肌肉围度增长的实验研究》，载《今日科苑》2010 年第 18 期，第 64 页。

耐力以及最大力量发展具有很好的提升作用。①

（三）巨型组训练模式效能分析

巨型组训练模式是优秀健美运动员在备赛期最广泛采用的训练模式。因为该模式能够帮助训练者在减脂期间尽可能多地保留瘦体重，甚至可以在减脂的同时，获得一定的肌肉增长。从训练计划完成时间来看，巨型组训练模式的耗时与 OSF 模式相当；而在这期间，巨型组模式能完成更多训练组数与次数。虽然在整个训练过程中由于重复次数与间歇时间等原因，巨型组模式所采用的负重小于 OSF 模式，对于肌肉的力量与围度发展不及 OSF 模式，但是就运动强度而言，巨型组模式的运动强度更高。在训练过程中，有的训练者纯粹为了完成每个巨型组的 4 个或者更多练习动作而降低负重或者拉长组间间歇，这样不但降低了训练强度，减少了对于目标肌群的刺激程度与调动的肌纤维总量，同时也减弱了巨型组训练模式对于提升身体代谢水平达到减少脂肪的效果。核心肌肉群的强弱程度决定了整个人的力量。② 所以，在进行巨型组模式训练时，要坚持常规负重训练与核心力量训练相结合，重复至力竭即可，并且严格控制间歇时间，以达到最好的训练效果。③

综上所述，HIT 模式里所采用的具体训练方式，相互之间存在着交叉性、关联性。特别是在负重训练中，组数、次数和重量的不同运用，都围绕着更有效地调动更多肌纤维参与运动，从而使肌纤维增粗，肌肉

---

① 参见王占奇《健美训练"滞缓期"探析》，载《洛阳工业高等专科学校学报》2006 年第 3 期。
② 参见李石生《健美训练中的运动负荷及其因素调节》，载《天津城建学院学报》1994 年第 4 期，第 57 - 59 页。
③ 参见相建华、田振华、邓玉《高级健美训练教程》，人民体育出版社 2006 年版，第 78 - 144 页。

中的毛细血管网增多，肌肉的生理横断面增大，身体肌肉变得丰满发达这一核心目标。因此，这些有代表性的训练模式，是在不断发展、变化、创新的过程中逐步形成的，根据自身情况，不同训练者适合不同的训练模式。

二、效能评价

第一，采用 HIT 模式对于运动员静态生理生化指标没有明显影响，对运动员全身骨密度也影响不明显。而备赛期阶段性 HIT 模式，不会造成运动员瘦体重流失，相反还有可能提升肌肉含量；同时全身各区域肌肉发达程度差距有一定程度缩小；对于帮助全身脂肪下降，具有非常理想的效果；对于脂肪分布情况，有很好的改善作用，使其趋于合理。

第二，采用赛前 HIT 模式，对于运动员心肺功能以及区域肌肉力量各项指标没有明显影响；对于模拟训练中及规定动作造型时肌肉的控制与调动能力有较大的提升作用，效果优于 HVT 模式。

第三，采用 HIT 模式后，受试运动员臀围及腰围均值有一定程度的降低，体围比例指数与理想指数差值也有较明显缩小。虽然受试运动员体围指数会因为继续进行 HIT 模式使一些区域瘦体重含量有所改善，但是从该阶段训练测试结果来看，受试运动员机体其他部位围度指数并没有产生明显变化。这说明运动员不同部位肌肉的围度比例不均衡问题，没有通过赛前阶段性训练得到明显改善。

第四，运动员若要最大限度保留瘦体重、降低脂肪含量，采用 HIT 模式的效果相对其他负重训练模式更理想。

第五章
高负荷与高强度训练模式效能对比

在高负荷负重训练（HVT）模式与高强度负重训练（HIT）模式之中，本章将具有代表性的几种模式进行关联性对比，通过综合分析测试数据，了解单次训练和阶段性采用不同负重训练模式对我国优秀男子健美运动员机体影响的程度，研究不同负重训练模式效能的差异性。在分析方法上，除了对比两组受试运动员体成分、骨密度、机体部分区域肌肉力量的各项指标在训练前后的变化情况，还结合健美运动的竞赛特点，探讨采用不同模式训练后运动员心肺机能变化情况，以及在进行特定动作造型展示时对相关肌肉的控制能力与发力情况的差别。

第一节 单次高负荷与高强度训练对机体影响的对比

两组受试运动员单次训练后的生理生化指标数据见表 5-1。

表 5-1 运动员单次训练后生理生化指标变化

单位：%

组别	皮质醇	血睾酮	T/C	血尿素	血清肌酸激酶
HVT 组	111.51	30.0	-38.6	15.77	184.3
HIT 组	69.00	21.3	-28.2	16.55	112.8

对比两组受试运动员单次训练后的部分生理生化指标的变化情况，可以发现：HVT 组单次训练后的皮质醇水平上升幅度比 HIT 组高 42.51 个百分点；虽然 HVT 组血睾酮水平上升幅度较 HIT 组高 8.7 个百分点，但是 HVT 组血睾酮/皮质醇比值（T/C）下降幅度较 HIT 组高 10.4 个百分点。这几组数据可以反映单次 HVT 训练给运动员机体造成的疲劳程度高于单次 HIT 训练。虽然在训练过程中，刺激机体可能使血睾酮水平有

一定程度上升，但是 HVT 组 T/C 值降低幅度大于 HIT 组，所以 HVT 组训练后机体流失肌肉的风险会高于 HIT 组。

两组受试运动员单次训练过后的血尿素水平升高幅度差异并不大。因为血尿素受很多方面因素的影响，例如高蛋白饮食、机体的损伤之类都是可能因素，所以单次训练对于两组受试运动员产生的影响差异并不明显。

血清肌酸激酶活性水平与机体骨骼肌细胞损伤或者坏死规模大小有关。而目前国内外研究中，有的观点认为运动负荷量越高，运动后血清肌酸激酶活性越强；也有的研究认为运动强度越大，血清肌酸激酶活性越强。而在本研究中，单次训练后，HVT 组受试运动员血清肌酸激酶水平上升幅度较 HIT 组高 71.5 个百分点。这从侧面表明，HVT 使运动员机体产生的疲劳以及肌肉损伤的程度高于 HIT。

总体来说，经过单次高负荷量负重训练模式与高强度的负重训练模式训练后，对比受试运动员的生理生化指标，可以看出 HVT 模式训练后运动员机体分解代谢的趋势强于 HIT 模式训练后，疲劳程度也高于 HIT 模式训练后。因此，训练后 HIT 组运动员的机体相对于 HVT 组更容易恢复。又因为 HVT 组训练时间长于 HIT 组，所以 HIT 组相对于 HVT 组有更长的机体恢复时间。单次训练后的测试结果说明，HIT 模式训练相对于 HVT 模式训练更适合我国高水平健美运动员在备赛期采用。

第二节 阶段性高负荷与高强度训练对机体影响的对比

一、阶段性训练后两组受试运动员生理生化指标变化对比

两组受试运动员在阶段性训练后,其生理生化指标的变化情况见表5-2。

表5-2 阶段性训练后生理生化指标变化情况

单位:%

组别	皮质醇	血睾酮	T/C	血尿素	血清肌酸激酶	红细胞数	血红蛋白浓度
HVT组	1.850	6.690	4.800	-1.300	-6.640	0.910	2.820
HVT组P值	0.766	0.510	—	0.681	0.524	0.256	0.249
HIT组	-0.760	3.300	4.100	6.900	3.970	0.980	1.010
HIT组P值	0.927	0.488	—	0.710	0.703	0.287	0.493

对比分析表5-2的测试数据可知:阶段性训练后,HVT组运动员皮质醇与血睾酮水平上升幅度分别为1.85%和6.69%;HIT组运动员皮质醇水平下降0.76%,血睾酮水平上升3.3%;两组受试运动员T/C值分别上升4.8%与4.1%。但是由于前后测的结果并不具有显著性差异($P>0.05$),则可以判断,阶段性HVT或者HIT模式训练对于受试运动员机体蛋白质合成代谢与分解代谢的水平均没有明显影响。

阶段性训练结束后,HVT组运动员静态血尿素水平较前测下降

1.3%,而 HIT 组运动员上升 6.9%;HVT 组运动员静态肌酸激酶水平较前测下降 6.64%,而 HIT 组运动员则上升 3.97%。但由于两组受试运动员这两组指标的前后测的结果也不具有显著性差异($P>0.05$),可以说明,阶段性 HVT 或者 HIT 训练对于受试运动员机体的疲劳及蛋白质分解程度也都较阶段训练前没有明显影响。

两组运动员红细胞数上升幅度分别为 0.91% 及 0.98%,血红蛋白浓度上升幅度分别为 2.82% 及 1.01%,同样由于前后测的结果差异并不具有显著性意义($P>0.05$),可以证明阶段性 HVT 或者 HIT 训练对于受试运动员机体的氧运载能力并无明显影响。

二、阶段性训练后两组受试运动员身体成分变化对比

(一)脂肪百分数与全身骨密度变化对比

两组受试运动员在阶段性训练后,其脂肪百分数与全身骨密度的变化情况见表 5-3。

表 5-3 脂肪百分数与全身骨密度变化

组别	全身骨密度(g/cm^3)	上肢脂肪(%)	大腿脂肪(%)	躯干脂肪(%)	腰腹部脂肪(%)	髋关节脂肪(%)	全身脂肪(%)
HVT 组	-2.180	-24.800	-6.730	-35.800	-22.530	-6.300	-26.150
HVT 组 P 值	0.318	0.140	0.312	0.008	0.104	0.498	0.004
HIT 组	1.170	-31.900	-35.900	-50.000	-51.700	-39.000	-42.800
HIT 组 P 值	0.326	0.003	0.012	0.000	0.000	0.011	0.001

通过分析比较表 5-3 的测试数据可知,阶段性训练后,高负荷量负重训练模式组与高强度负重训练模式组受试运动员的全身骨密度分别较

前测下降 2.18% 及上升 1.17%，但由于前后测的结果并不具有显著性差异（$P>0.05$），所以阶段性 HVT 或 HIT 训练对于受试运动员身体骨密度水平均没有明显影响。

阶段性训练后，HVT 组上肢脂肪百分数下降幅度达到 24.8%（$P>0.05$），而 HIT 组该指标下降幅度为 31.9%（$P<0.01$）；HVT 组大腿脂肪百分数下降幅度为 6.73%（$P>0.05$），表明训练对于该区域脂肪百分数影响不明显，而 HIT 组下降幅度达到 35.9%（$P>0.01$）。这说明阶段性训练后 HIT 组运动员四肢脂肪百分数降低幅度远高于 HVT 组运动员。

HVT 组受试运动员躯干、腰腹部区域及髋关节区域脂肪百分数下降幅度分别为 35.8%（$P<0.01$）、22.53%（$P>0.01$）及 6.3%（$P>0.05$）；同期内 HIT 组受试运动员这些区域脂肪百分数下降幅度分别达到 50%（$P<0.01$）、51.7%（$P<0.01$）及 39%（$P<0.05$）。这说明阶段性训练后，HIT 组受试运动员躯干、腰腹部区域百分数降低幅度大幅高于 HVT 组，而 HVT 组髋关节区域脂肪百分数前后测差异不具有显著性意义，HIT 组该区域下降幅度为 39% 且差异显著，这个区域是两组受试运动员实验后差别最大的区域。

从全身脂肪百分数变化幅度来看，HVT 组下降幅度为 26.15%（$P<0.01$），HIT 组下降幅度达到 42.8%（$P<0.01$），前者较后者低 16.65 个百分点。这说明阶段性 HIT 训练相对于 HVT 训练更有利于在备赛期降低运动员身体脂肪百分数，有利于肌肉线条清晰度的体现，而这期间 HVT 组受试运动员个别区域脂肪百分数下降不明显，也有可能是局部肌肉流失导致肌肉含量百分数随之下降造成的。

（二）阶段性训练后 HVT 组与 HIT 组脂肪含量变化对比

两组受试运动员在阶段性训练后，其脂肪含量的变化幅度见表 5–4。

表 5-4 阶段性训练后脂肪含量变化

单位：%

组别	上肢	大腿	躯干	腰腹部区	髋关节区	全身
HVT 组	-27.830	-16.440	-43.870	-38.140	-18.550	-33.870
HVT 组 P 值	0.029	0.031	0.005	0.038	0.066	0.002
HIT 组	-32.320	-37.500	-57.700	-54.380	-41.850	-44.000
HIT 组 P 值	0.003	0.011	0.001	0.000	0.010	0.001

通过分析对比表 5-4 的数据可知，HVT 组受试运动员训练后上肢、大腿及躯干脂肪含量下降幅度分别为 27.83%（$P<0.05$）、16.44%（$P<0.05$）及 43.87%（$P<0.01$）；HIT 组同期内这些区域脂肪含量下降幅度分别达到 32.32%（$P<0.01$）、37.5%（$P<0.05$）及 57.7%（$P<0.01$），这些区域指标 HIT 组下降幅度较 HVT 组分别高出 4.49、21.06 及 13.83 个百分点。这说明阶段性 HIT 模式训练对于受试运动员脂肪含量的减少明显优于 HVT 模式训练。而 HVT 组训练后腰腹部区域与髋关节区域脂肪含量下降幅度分别为 38.14%（$P<0.05$）及 18.55%（$P>0.05$），同期内 HIT 组运动员这两个区域脂肪含量下降幅度分别达到 54.38%（$P<0.01$）及 41.85%（$P<0.01$），后者两指标较前者幅度高出 16.24 及 23.3 个百分点，又因为 HVT 组髋关节区域脂肪含量前后测的结果并不具有显著性差异，可以判断该区域是阶段性训练后脂肪含量差别最大区域。从比较结果看，阶段性 HIT 训练对于受试运动员这两个区域脂肪含量的减少大幅度领先于 HVT 训练。阶段性训练结束后，HVT 组受试运动员全身脂肪含量下降幅度为 33.87%（$P<0.01$），HIT 组受试运动员该指标下降幅度为 44%（$P<0.01$），后者较前者高出 10.13 个百分点，说明受试运动员在备赛期采用 HIT 模式训练对于减少脂肪总量的效果明显优于 HVT 模式训练。

(三) 阶段性训练后 HVT 组与 HIT 组肌肉含量变化对比

两组受试运动员在阶段性训练后,其肌肉含量的变化情况见表 5-5。

表 5-5 阶段性训练后肌肉含量变化

单位:%

组别	上肢	大腿	躯干	腰腹部区	髋关节区	全身
HVT 组	-1.000	-8.850	-8.220	-17.250	-12.340	-7.230
HVT 组 P 值	0.830	0.003	0.002	0.002	0.010	0.001
HIT 组	2.500	2.640	6.300	8.840	2.700	4.000
HIT 组 P 值	0.270	0.249	0.035	0.048	0.374	0.072

通过比较分析表 5-5 的数据可知,阶段性训练后,HVT 组受试运动员上肢肌肉含量下降 1% ($P>0.05$),HIT 组运动员该区域肌肉含量上升 2.5% ($P>0.05$),由于两组受试运动员的测试结果都不具有显著性差异,表明阶段性 HIT 或者 HVT 训练对于运动员上肢肌肉含量并无明显影响。而阶段性训练后,HVT 组受试运动员大腿肌肉含量减少 8.85% ($P<0.01$),同期 HIT 组受试运动员大腿肌肉含量增加 2.64% ($P>0.05$),虽然 HIT 组前后测的结果并不具有显著性差异,但仍反映阶段性 HVT 训练在备赛期会使运动员腿部肌肉流失量大大高于采用 HIT 备赛训练的运动员。HVT 组受试运动员躯干、腰腹部区域及髋关节区域肌肉含量在阶段性训练后分别产生了 8.22% ($P<0.01$)、17.25% ($P<0.01$) 及 12.34% ($P<0.01$) 的显著下降,HIT 组运动员这些区域肌肉含量分别有 6.3% ($P<0.05$)、8.84% ($P<0.05$) 及 2.7% ($P>0.05$) 的一定幅度增加(虽然髋关节区域前后测差异并不显著)。这一结果表明,备赛期采用 HIT 模式训练会有助于改善该区域肌肉发达程度欠缺的问题,而采用 HVT 备赛训练会在一定程度上加大躯干部位与其他部位肌肉发展的差距,而瘦体重流失严重也是 HVT 组受试运动员髋关节

区域及大腿脂肪百分数下降不明显的主要原因。从受试运动员全身肌肉含量变化情况来看，HVT组训练后全身肌肉含量减少了7.23%（P<0.01），而HIT组有4%（P>0.05）的瘦体重增量（虽然前后差异并不具有显著性意义），但还是可以说明，在备赛期采用HIT模式训练可以更有效保持肌肉含量并且在一定程度上改善部分区域肌肉发达程度不足的情况，而采用HVT模式训练则会加重身体肌肉发达程度不均衡的问题，同时会使运动员流失较多瘦体重。对于需要尽可能降低脂肪含量同时保持身体肌肉含量的运动员而言，更适合采用HIT模式训练进行备赛。

（四）区域脂肪分布比例与全身总质量变化对比

两组受试运动员在阶段性训练后，全身总质量与区域脂肪分布比例的变化情况见表5–6。

表5–6 阶段性训练后全身总质量与区域脂肪分布比例变化

单位：%

组别	全身总质量	躯干/全身	大腿/全身	（上肢+大腿）/躯干
HVT组	−10.440	−9.333	7.167	28.500
HVT组 P值	0.001	0.008	0.025	0.010
HIT组	−2.200	−7.500	4.330	25.830
HIT组 P值	0.081	0.009	0.031	0.010

通过对比表5–6的数据可知，阶段性训练后，HVT组受试运动员体重下降幅度达到10.44%（P<0.01），而HIT组运动员仅下降2.2%（P>0.05），所以赛前HIT训练对于受试运动员体重并没有明显影响，而赛前HVT训练可以大幅降低运动员体重。但由于HVT组受试运动员减少的体重中大部分为瘦体重，所以这个结果理论上并不理想。阶段性训练结束后，HVT组受试运动员躯干/全身、大腿/全身及（上肢+大腿）/躯干的脂肪比例分别降低9.333%（P<0.01）、上升7.167%

(P<0.05)及上升28.5%(P=0.01),而HIT组受试运动员这3个指标分别下降7.5%(P<0.01)、上升4.33%(P<0.05)及上升25.83%(P=0.01),两组运动员比例变化差别与后测结果差异并不大。由此说明,高负荷量负重训练模式与高强度负重训练模式阶段性训练结束后,两组运动员机体脂肪分布比例都趋于合理且各部位间脂肪含量比例基本达到理想值。如果运动员为了参加某一个特定的级别比赛需要减少非常多的体重,而并不在意牺牲肌肉围度与质量,那么可以采用HVT模式作为赛前训练模式;反之,如果运动员更注重肌肉状态,要求尽量不牺牲肌肉围度与质量,并对参赛体重没有刻意控制时,建议采用HIT模式作为赛前训练模式。

三、阶段性训练后两组受试运动员一般运动能力变化对比

(一)区域肌肉力量指标变化对比

两组受试运动员在阶段性训练后,其膝关节屈肌力量指标的变化情况见表5-7。

表5-7 膝关节屈肌力量指标变化

单位:%

组别	峰值力矩均值	峰值功率均值	平均做功值	功率均值	静力最大力量
HVT组	-14.000	-13.800	-15.000	-16.300	-12.700
HVT组P值	0.239	0.233	0.261	0.225	0.180
HIT组	9.450	6.100	-13.600	36.300	3.000
HIT组P值	0.353	0.630	0.438	0.052	0.481

通过表5-7的数据可知，阶段性训练后，HVT组受试运动员膝关节屈肌各项力量指标均有较大幅度的下降，而HIT组受试运动员对应指标均有一定幅度提升。但由于两组受试运动员该肌群各项力量指标前后测试结果均不具有显著性差异，只能说，HVT模式与HIT模式阶段性训练对于受试运动员膝关节屈肌各项力量指标影响差别不明显。

两组受试运动员在阶段性训练后，其膝关节伸肌力量指标的变化情况见表5-8。

表5-8 膝关节伸肌力量指标变化

单位：%

组别	峰值力矩均值	峰值功率均值	平均做功值	功率均值	静力最大力量
HVT组	-9.600	-6.000	-7.800	-8.500	-4.400
HVT组P值	0.186	0.451	0.583	0.485	0.377
HIT组	3.000	3.100	0.400	2.080	1.600
HIT组P值	0.853	0.851	0.984	0.002	0.813

通过表5-8的数据可知，阶段性训练后，HVT组受试运动员膝关节伸肌各项力量指标均有一定幅度的下降，而HIT组受试运动员的大部分对应指标均有小幅度提升，个别指标发生大幅度提升（该差异具有非常显著性意义）。但由于两组受试运动员该肌群大部分力量指标前后测试结果均不具有显著性差异，因此仅可以说明，HIT阶段性训练对于受试运动员膝关节伸肌输出功率有明显提升作用，但两种训练模式对于受试运动员膝关节其他大部分伸肌力量指标影响不明显。

两组受试运动员在阶段性训练后，其肘关节屈肌力量指标的变化情况见表5-9。

表5-9 肘关节屈肌力量指标变化

单位：%

组别	峰值力矩均值	峰值功率均值	平均做功值	功率均值	静力最大力量
HVT 组	-7.100	-4.600	4.100	-7.200	-13.200
HVT 组 P 值	0.187	0.454	0.522	0.451	0.281
HIT 组	31.700	-8.800	12.600	-2.800	-0.600
HIT 组 P 值	0.006	0.442	0.262	0.825	0.965

通过对比表5-9的数据可知，阶段性训练后，HVT 组受试运动员肘关节屈肌大部分力量指标有一定幅度的下降，个别指标有小幅提升；而 HIT 组受试运动员以上指标之中，有两项（峰值力矩均值、平均做功值）提升幅度较明显，且峰值力矩均值的前后测试结果具有非常显著性差异，其余三项指标有小幅度下降。但由于两组受试运动员该肌群大部分力量指标前后测试结果均不具有显著性差异，则仅可以说明，HIT 阶段性训练对受试运动员肘关节屈肌峰值力矩有明显提升，但两种训练模式对于受试运动员肘关节其他大部分屈肌力量指标影响不明显。

两组受试运动员在阶段性训练后，其肘关节伸肌力量指标的变化情况见表5-10。

表5-10 肘关节伸肌力量指标变化

单位：%

组别	峰值力矩均值	峰值功率均值	平均做功值	功率均值	静力最大力量
HVT 组	50.900	-9.900	-9.400	-12.300	-18.400
HVT 组 P 值	0.470	0.508	0.545	0.342	0.016
HIT 组	205.900	2.100	21.100	4.000	9.200
HIT 组 P 值	0.001	0.867	0.090	0.737	0.397

通过表 5-10 的数据可知，阶段性训练后，HVT 组受试运动员肘关节伸肌大部分力量指标有一定幅度的下降，个别指标（峰值力矩均值）虽然在数值上有明显提升，但前后测试结果并不具有显著性差异；而 HIT 组受试运动员以上各项指标均有一定幅度提升，其中峰值力矩均值指标大幅度提升且差异具有非常显著性意义。但由于两组受试运动员该肌群大部分力量指标前后测试结果均不具有显著性差异，仅可以说明，HIT 阶段性训练对于受试运动员肘关节伸肌的峰值力矩有非常明显的提升作用，但两种训练模式对于受试运动员肘关节其他大部分伸肌力量指标影响不明显。

（二）肌电信号强度变化对比

两组受试运动员在阶段性训练后，其肌电信号 MAX 均值的变化如图 5-1 所示。

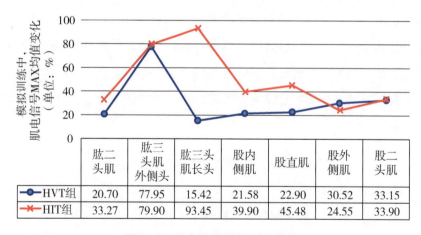

图 5-1 肌电信号 MAX 均值变化

	肱二头肌	肱三头肌外侧头	肱三头肌长头	股内侧肌	股直肌	股外侧肌	股二头肌
HVT 组	20.70	77.95	15.42	21.58	22.90	30.52	33.15
HIT 组	33.27	79.90	93.45	39.90	45.48	24.55	33.90

由图 5-1 可知，阶段性训练后，HIT 组受试运动员进行模拟训练肌电测试时大部分指定测试肌肉肌电信号 MAX 值提升幅度均高于 HVT 组受试运动员。其中肱三头肌长头的肌电信号差距最为明显，达到 78.03

个百分点；而 HIT 组运动员仅股外侧肌的肌电信号强度提升幅度略低于 HVT 组受试运动员。这从侧面说明，阶段性 HIT 训练相对于 HVT 训练可以更好地提高运动员训练中控制与调动目标肌肉的能力。

两组受试运动员在阶段性训练后，其肌电信号 RMS 均值的变化如图 5-2 所示。

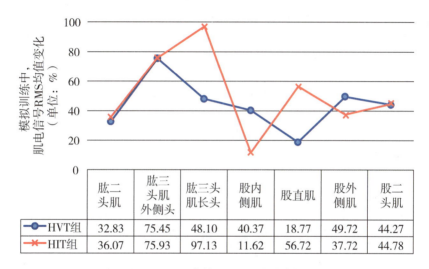

	肱二头肌	肱三头肌外侧头	肱三头肌长头	股内侧肌	股直肌	股外侧肌	股二头肌
HVT 组	32.83	75.45	48.10	40.37	18.77	49.72	44.27
HIT 组	36.07	75.93	97.13	11.62	56.72	37.72	44.78

图 5-2 肌电信号 RMS 均值变化

由图 5-2 可知，阶段性训练后，HIT 组受试运动员进行模拟训练肌电测试时，7 块指定测试肌肉中，肱三头肌长头和股直肌的肌电信号 RMS 值提升幅度明显高于 HVT 组受试运动员，肱二头肌略高于 HVT 组，股外侧肌略低于 HVT 组，股内侧肌大幅低于 HVT 组，剩下两块肌肉提升幅度差别不大。

总体来说，HIT 组受试运动员经过阶段性训练对肌肉控制能力的提升效果一定程度上优于 HVT 组受试运动员，但这种差异也有可能是 HIT 组运动员皮下脂肪水平下降幅度高于 HVT 组受试运动员造成的。

(三) 心肺功能指标变化对比

两组受试运动员在阶段性训练后,心肺功能指标的变化情况见表 5-11。

表 5-11 心肺功能指标变化

单位:%

组别	呼吸商	无氧阈心率	最大摄氧量持续时间	最大摄氧量
HVT 组	0.460	1.900	4.900	-1.600
HVT 组 P 值	0.562	0.111	0.349	0.309
HIT 组	10.100	1.500	0.810	-3.100
HIT 组 P 值	0.021	0.417	0.619	0.136

通过表 5-11 的数据可知,阶段性训练后,只有在呼吸商一项指标上 HIT 组受试运动员变化幅度明显大于 HVT 组受试运动员,且 HIT 组该测试结果具有显著性差异,其他大部分指标在两组运动员前后测试结果中都没有表现显著性差异。由此可以判断,阶段性 HVT 或者 HIT 模式训练对于受试运动员心肺功能都不会产生明显影响。

四、阶段性训练后两组受试运动员专项运动能力变化对比

两组受试运动员在阶段性训练后,在规定动作造型中其肌电信号 MAX 均值的变化如图 5-3 所示。

图5-3 肌电信号MAX均值变化情况

由图5-3可以看出，阶段性训练后，HVT组受试运动员进行第二次规定动作造型肌电信号测试时，7块指定肌肉的静力收缩肌电信号MAX值增幅均低于HIT组受试运动员。其中，两组运动员股直肌及肱三头肌长头的信号值增幅差距非常明显。由此可以说明，赛前HIT模式训练对于提高运动员做最大静力收缩时对肌肉控制的能力明显高于赛前HVT模式训练。

两组受试运动员在阶段性训练后，其肌电信号RMS均值的变化如图5-4所示。

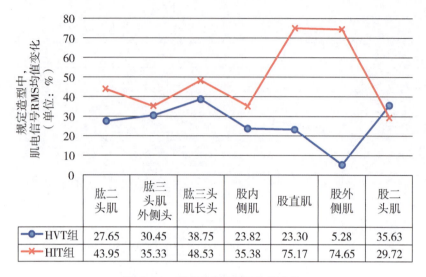

图 5-4 肌电信号 RMS 均值变化

由图 5-4 可以看出，阶段性训练后，HIT 组受试运动员在规定动作造型肌电信号强度测试中，仅股二头肌的 RMS 增幅略低于（6 个百分点）HVT 组受试运动员，其他 6 块指定测试肌肉中有 5 块肌肉的肌电信号 RMS 值增幅都大幅高于 HVT 组，差别最明显的肌肉是股外侧肌。通过对比可以说明，阶段性 HIT 模式训练对于受试运动员造型展示时肌肉持续的发力与控制能力提高效果明显优于阶段性 HVT 模式训练。

五、阶段性训练后两组受试运动员身体形态变化对比

两组受试运动员在阶段性训练后，身体形态的变化情况见表 5-12。

表 5-12　身体形态变化

单位：%

组别	颈围	肩围	胸围	上臂围		前臂围		大腿围		臀围	腰围	小腿围	
				左直臂	右直臂	左前臂	右前臂	左大腿	右大腿			左小腿	右小腿
HVT组	-0.5	-0.3	0.1	-0.4	0.1	0.2	-0.6	-0.5	-1.1	-3.5	-7.5	0.1	-0.1
HVT组 P值	0.101	0.076	0.934	0.312	0.853	0.196	0.090	0.226	0.093	0.003	0.003	0.859	0.031
HIT组	-0.6	0	1.4	0.5	0.8	1.0	1.1	0.4	0.1	-2.7	-2.5	0.6	0.1
HIT组 P值	0.032	1.000	0.321	0.001	0.230	0.087	0.023	0.212	0.448	0.000	0.003	0.070	0.771

通过对比表 5-12 的数据可知，两组受试运动员产生明显体围变化的区域都是臀部与腰部，HVT 组受试运动员臀部、腰部体围指数下降幅度分别达到 3.5%、7.5%，高于 HIT 组受试运动员 2.7%、2.5% 的下降幅度。分析造成这种差距较大结果的主要原因是 HVT 组受试运动员这两个区域脂肪与瘦体重都发生了较大幅度的减少，相对而言 HIT 组受试运动员这两个区域脂肪虽然有更大幅度的减少，但同期内瘦体重含量有不小幅度的上升，最终导致这些区域围度减少不如 HVT 组明显。但鉴于赛前阶段性 HVT 训练会导致身体弱势部位肌肉流失严重，后期继续采用这种训练模式，有可能会导致运动员肌肉围度比例不均衡加剧；而赛前阶段性 HIT 训练对于运动员某些较弱区域肌肉含量增加有明显影响，因此在后期继续采用 HIT 训练能在一定程度上改善运动员各区域围度的比例。

第三节　高负荷与高强度训练模式效能综合评价与结论

一、效能对比的综合评价

筛选出的 12 名受试运动员，通过 HIT 和 HVT 模式进行单次负重训练及备赛期阶段性负重训练前后，实地测试体能指标变化情况，对 HIT 和 HVT 模式的负重训练效能综合对比分析如下。

第一，单次 HIT 训练后运动员机体疲劳程度低于单次 HVT 训练，单次 HVT 训练后运动员机体蛋白质分解代谢水平高于单次 HIT 训练。HVT 训练模式与 HIT 训练模式阶段性训练对于受试运动员生理生化指标影响都不明显。

第二，赛前阶段性 HIT 模式训练对受试运动员保持肌肉含量（甚至增加肌肉含量）及减少身体脂肪含量都有非常积极的影响，对受试运动员身体成分的改善效果明显优于阶段性 HVT 训练，但两种训练模式对于受试运动员骨密度水平均无影响。

第三，赛前阶段性高负荷量负重训练模式与高强度负重训练模式训练对运动员区域肌肉力量水平及心肺功能水平均无显著影响。测试数据表明，阶段性 HIT 训练对运动员控制与调动肌肉的能力提高优于阶段性 HVT 训练。

第四，对于运动员身体围度比例影响效能方面，两种训练模式都对受试运动员臀围、腰围的减小起到了良好的作用，但对于身体其他部位肌肉围度比例并没有明显影响。由于赛前阶段性 HVT 训练会导致肌肉流失，而 HIT 训练能够保持甚至增加肌肉含量，所以整个备赛期采用 HVT 训练会导致运动员身体围度比例失衡的情况更加严重，而 HIT 训练则有可能改善这一状况。

第五，从训练时间角度分析，测试中采用 HVT 训练的运动员每周负重训练总时间约为 260 min，而采用 HIT 训练的运动员每周负重训练总时间约为 160 min，每周两者相差约为 100 min。测试表明，采用 HIT 训练能带给运动员更少生理系统压力与负担，同时获得更多机体恢复时间，有利于运动员保持赛前良好的训练状态，降低伤病的发生率。

二、结论

力量训练是一门复杂的科学，由于中国健美运动员的体能状况与国外健美运动员存在较大差异，对目前世界较为流行的 HIT 与 HVT 模式进行对比研究表明，这些模式之间存在着交叉性、关联性和多样性，具体训练手段和方法的运用效果则因人而异。①

第一，对运动员身体肌肉、脂肪含量影响效能方面，赛前阶段性 HIT 模式对受试运动员保持肌肉含量（甚至增加肌肉含量）及减少身体脂肪含量都有非常积极的影响，对受试运动员身体成分的改善效果明显优于 HVT 模式。若中国健美运动员在备赛期采用 HIT 模式可以更有效保持肌肉含量并且在一定程度上改善部分区域肌肉发达程度不足的情况，而采用 HVT 模式则会加重身体肌肉发达程度不均衡的问题，同时会使运动员流失较多瘦体重，对于需要尽可能降低脂肪含量同时保持身体肌肉含量的运动员而言，更适合采用 HIT 模式进行备赛。

第二，对运动员身体围度比例影响效能方面，两种训练模式都对受试运动员臀围、腰围的减小起到了良好的作用，但对于身体其他部位肌肉围度比例并没有明显影响。由于赛前阶段性 HVT 模式会导致肌肉流失，而 HIT 模式能够保持甚至增加肌肉含量，所以整个备赛期采用 HVT 模式会导致运动员身体围度比例失衡的情况更加严重，而 HIT 模式则有可能改善这一状况。如果运动员为了参加某一个特定的级别比赛需要减少非常多的体重，而并不在意牺牲肌肉围度与质量，那么可以采用 HVT 模式进行赛前训练；相反，若运动员更注重肌肉状态，要求尽量不牺牲肌肉围度与质量并对参赛体重没有刻意控制，则建议其采用 HIT 模式作为赛前训练模式。

第三，从 HIT 与 HVT 模式的训练时效性对比角度分析，测试中采用 HVT 模式的运动员每周负重训练总时间约为 260 min，而采用 HIT 模式

---

① 参见孙中俊《中外优秀十项全能运动员体能和技能特征比较》，载《肇庆学院学报》2012 年第 2 期，第 86—91 页；［美］吉姆·斯托帕尼《肌肉与力量：精准锻炼每一条肌纤维》，尚书译，北京科学技术出版社 2017 年版，第 9 页。

的运动员每周负重训练总时间约为 160 min，每周两者相差约为 100 min。采用 HIT 模式能减少运动员的生理系统压力与负担，同时获得更多机体恢复时间，有利于运动员保持赛前良好的训练状态，降低伤病的发生率。

第四，研究表明，阶段性 HVT 模式对运动员静态生理生化指标、全身骨密度没有明显影响。而备赛期采用 HVT 模式训练会造成瘦体重较严重流失，全身各区域肌肉发达程度差距加大；全身脂肪虽有下降，分布也有改善，但效果不佳；赛前 HVT 模式对运动员心肺功能及区域肌肉力量各项指标没有明显影响，对模拟训练中及规定动作造型时肌肉控制与调动能力有一定提升作用。

第五，经研究对比，赛前阶段性 HIT 模式对帮助运动员保持肌肉含量及减少身体脂肪含量有非常积极的作用，对身体成分的改善效果明显优于阶段性 HVT 模式；阶段性 HIT 模式对控制与调动肌肉的能力优于阶段性 HVT 模式。采用 HVT 模式每周负重训练总时间约为 260 min，而采用 HIT 模式每周负重训练总时间约为 160 min，每周两者相差约为 100 min，表明 HIT 模式训练效能更高。

第六，本研究根据中国优秀男子健美运动员的体能状况，对上述各负重训练模式运行综合评价后认为：在备赛期，若运动员减脂的同时要减少瘦体重，以降低体重级别参赛，则采用 HVT 模式训练；若运动员要最大限度保留瘦体重、降低脂肪含量，则采用 HIT 模式训练的效果相对更理想。

第六章

健美负重训练的饮食营养

竞技健美运动作为以肌肉围度和肌肉力量水平为主导的具有高度艺术性和观赏性的体育项目，其专项力量训练水平对于增强运动员的竞技能力、提高竞赛成绩起着至关重要的作用。负重训练是专项力量训练的核心，而日常训练和备赛期的饮食调控是实现训练目标的重要环节。作为健美训练者，由于每个人的体质状况不同，要增加肌肉量或者要减少体脂，应该吃什么、吃多少，营养搭配和饮食计划是必须了解和掌握的营养学基础知识。

掌握这些基础知识，能使健美训练者通过科学安排饮食计划，调整营养搭配，达到健、力、美的训练目的，同时又能最大限度地保持体能负荷量和身体健康状态。因此，制订科学的饮食计划、掌握营养搭配的基本知识对健美训练者来说至关重要，训练与饮食二者相辅相成，缺一不可。

第一节　日常健美负重训练的饮食营养

健康营养是人们日常生活中不可或缺的一项科学知识，人们每天都在关注和学习这方面的信息和知识，掌握科学的饮食营养对于健美训练者追求健、力、美，实现竞技比赛成绩显得尤为重要。

一、饮食营养素的构成与能量消耗

人们日常的饮食营养主要由蛋白质、碳水化合物、脂肪、维生素、矿物质和水构成。作为健美训练者的日常，很有必要了解吃哪些食物、吃多少才能保证得到这些营养素的必要供给。同时，也必须掌握这些饮食营养的平衡性，比如吃一种饮食其营养素含量是多少，为了平衡营养素还需补充多少其他饮食的营养量。饮食营养的平衡与自身新陈代谢和

追求发达肌肉、塑造体型的目标直接关联,如果想最大限度地增肌、降脂,其饮食种类和进食量产生的生化过程都需要对营养素的合理搭配进行具体的分析和计划。

理想的健美训练者的饮食结构是:蛋白质占18%～20%,碳水化合物占55%～60%,脂肪占20%～30%。①

第一,蛋白质。主要通过牛奶、鸡蛋、瘦肉、鱼、大豆,以及谷物、蔬菜、坚果等摄取。

第二,碳水化合物。主要通过土豆、米,以及各种粗粮、蔬菜、水果等摄取。

第三,脂肪。主要通过肉类(牛肉、羊肉、猪肉、鸡肉)和水生贝壳类、蛋黄、奶酪、黄油、巧克力、猪油等摄取。

第四,维生素。维生素是人体中不可或缺的元素之一,主要通过食物中的有机物质摄取。其不提供能量,也不助于增加肌肉量,而是起着催化剂的作用。维生素分两种:①水溶性维生素,包括维生素B、维生素C、泛酸、叶酸、生物素等;②脂溶性维生素,包括维生素A、D、E、K。水溶性维生素不贮存于人体内,多余的量都通过小便排出;而脂溶性维生素分解并贮存于人体的脂肪中。

第五,矿物质。矿物质(无机盐)在人体中的需要量很少,属于无机物质。食用各种肉食及蔬菜,就能得到足够的矿物质。人体内的矿物质起着促进新陈代谢的作用,并有助于糖原、蛋白质及脂肪的合成。

第六,水。主要来自固体食物和饮料。水是人体的主要成分,水作为人体内各种化学物质的运输手段和基本养料,是各种生化反应的媒介。人体含水量占体重的40%～60%。就重量而言,肌肉的72%由水组成,

---

① 参见相建华、王莹《中级健美训练教程》,人民体育出版社2004年版。

而脂肪的重量中水仅含20%～25%。这意味着导致过量水分流失的饮食或其他活动，对肌肉的体积有着重要的影响。

健美运动的能量消耗主要是由负重训练的强度决定。在负重训练期间应该食用什么食品，什么时候食用，必须依据负重训练强度计划进行相应的科学安排。在负重训练过程中，肌肉需要大量供血，因为使用训练器械所经历的大量泵血都是血液充斥肌肉所致。但如果饮食不当，当人体消化系统消化食物也需要大量的血时，就没有足够的血液进行周身循环。如果负重训练之前进食不当，就会在人体内引起机能冲突。因此，进食后即进行训练就会感到腹部发胀、反应迟缓、产生懒惰，若进行高强度负重训练，就会出现胸闷、恶心、呕吐等反应。

人体的消化系统对各类食物以不同的速度进行新陈代谢，人进食后一般需2～4 h胃中的食物才能消化完。餐饮中，属碳水化合物的食物先被消化，其次是蛋白质食物，最后被消化的是脂肪多的食物。

二、负重训练期间的饮食安排

健美饮食计划是根据健美训练者负重训练的周期制订的，若按每天常态化安排，早、中、晚和训练前、后各有不同。

根据中国竞技健美运动训练的实践，多采用"日食五餐法"，即每日五餐，每次进食六七成饱，或五次用餐达到每日摄取热量之和的进餐模式。①

清晨进行健身运动是人们的常态化模式。作为健美训练者若进行健美负重训练，其饮食安排与大众化运动者有所不同。清晨醒来，已

---

① 参见相建华、张瑛玮、王东《塑造金牌健身教练》，人民体育出版社2008年版。

有8～12 h没有进食,正常情况下身体中已经消化完了碳水化合物。由于健美负重训练需要碳水化合物来产生肌肉进行强烈收缩所需要的糖原,所以早上在进行负重锻炼之前,需食用碳水化合物含量高的食物。还可吃些清淡食物,如水果、果汁或面包等,这样不会过度增加身体消化系统的负荷量,也会使健美训练者精力充沛不至于训练时体力不支。训练前,最好不要吃蛋白质和脂肪含量较高的食物,包括蛋、肉或奶酪等。这些食物需要较长的时间进行消化,所以训练之前进食之会影响血液周身循环和负重训练效能。

健美负重锻炼之后,饮食安排要平衡有序,不能立即饱餐、狂饮。在进行健美负重训练时,身体机能和循环系统承担了较大的压力,身体机能需要一定的时间才能复原,血液循环需要一定的时间离开肢体肌肉,压力反应需要一定的时间消失。因此,健美负重训练后,要适当进行舒缓休息,使消化系统恢复常态后再进行餐饮,逐步将食物转化为能量,进而转化成新的肌肉组织。健美负重训练之后需要等待一段时间再吃一些营养平衡的食物。通常在小到中等强度负重训练后20～25 min,可补充少量蛋白质饮料和碳水化合物,再过一会即可进食;若进行大负荷或超负荷负重训练30 min,可补充少量蛋白质饮料和碳水化合物,且应休息1 h后再吃一顿营养平衡的正餐。

第二节 高水平健美运动员备赛期的饮食营养

在健美比赛中,裁判对于运动员肌肉质量和发达程度的评分占运动员总得分的60%,而裁判对肌肉的评分主要是以运动员肌肉的围

度、轮廓清晰度、分离度以及质感的台上视觉效果作为依据的。[①] 大型健美赛事的舞台均配有射灯，轮廓清晰、线条分明、分离度良好、凹凸有致的肌肉在台上灯光的照射下，会显得立体感格外强烈且具有质感，从而获得良好的视觉效果并得到高分。而肌肉的清晰度和质感很大程度上取决于皮下脂肪以及水分的含量，如果皮下脂肪和水分潴溜明显，就无法在灯光照射下呈现明显的肌肉或肌纤维间的阴影，也就无法凸显肌肉的发达程度。再加上体表对灯光的漫反射，肌肉轮廓清晰度在台上视觉效果不良，就会被扣分。因此，尽可能减少皮下脂肪和水分就成为赛前一项重要工作，备赛期减脂的成效很大程度上决定了健美运动员赛场上的成败。而减脂的成效除负重训练外，备赛期的饮食营养搭配决定着运动员最终减脂的效果。

一、备赛期的饮食计划

高水平健美运动员多数从赛前 16～18 周开始进入备赛阶段，主要是增加有氧练习、调整饮食结构。运动员备赛阶段主要的两项任务就是最大程度减少体脂含量，以及避免瘦体重或肌肉围度的损失。在这期间，运动员需要根据体重的变化维持能量的负平衡，即通过增加能量消耗同时控制能量摄入以消耗脂肪。如果热量摄入过多，不能有效减少体脂含量；而热量摄入过少，又会导致瘦体重的流失，且影响赛前训练的质量与总训练量以及训练后疲劳的恢复。[②] 因此，科学合理的赛前饮食安排非常重要，它可以使运动员保质保量完成赛前身体训练的同时，有效控

---

① 参见国际健美联合会《IFBB 竞赛指南》（适用于业余比赛裁判员、运动员与组织者）1987 年版，第 23-26 页。

② Gilbert B Forbes, "Body fat content influences the body composition response to nutrition and exercise," *Ann NY Acad Sci*, 2010, 904 (In Vivo Body Composition Studies).

制热量的总摄入量。所以选择科学的饮食计划并严格按计划执行是减脂期的关键环节,这决定着运动员最终减脂的效果,并成为影响比赛状态与比赛成绩的重要因素之一。目前,我国绝大部分健美运动员赛前都采用中等碳水化合物、高蛋白、低脂肪的饮食结构(以下简称:低脂肪饮食)。而近年来,国际高水平健美运动员在备赛期普遍开始采用高脂肪、高蛋白、低碳水化合物的饮食结构(简称:低碳水化合物饮食)。

参加测试的高水平运动员备赛期间所使用的饮食计划见表6-1、表6-2、表6-3和表6-4。

表6-1 赛前第16~15周低脂肪饮食计划

进食时间	食物及营养补剂
早晨空腹有氧训练前(7:30)	Dymatize 支链氨基酸胶囊8粒、Muscletech Hydroxycut 胶囊3粒
正餐1(9:00)	自制蛋清蛋糕1个(含15个蛋清、70 g 燕麦片、30 g 无糖果酱)、中等大小苹果1个、GNC 维生素冲剂1杯、Animalpak 复合矿物质营养片组合1包
正餐2(12:00)	中等大小烤土豆1个约250 g、米饭1碗约200 g、草虾300 g、蔬菜500 g
训练前1小时(16:00)	Dymatize ISO100 分离式乳清蛋白粉40 g、果汁400 mL
训练前30分钟(16:30)	BSN N.O.-Xplode 复合能量冲剂40 g、Muscletech Hydroxycut 胶囊3粒
力量及有氧训练后(20:00)	Dymatize ISO100 分离式乳清蛋白粉60 g、果汁400 mL
正餐3(21:00)	龙利鱼排300 g、蔬菜500 g、水果约150 g
睡前(23:00)	MET-RX 缓释蛋白50 g、Dymatize 支链氨基酸胶囊8粒

注:能量摄入总计:蛋白质335 g、碳水化合物355 g、脂肪31 g(总热量:3040 kcal)。

供能比例:蛋白质:碳水化合物:脂肪=44.1:46.7:9.2。

表6-2　赛前第3～2周低脂肪饮食计划

进食时间	食物及营养补剂
早晨空腹有氧训练前（7：30）	Dymatize 支链氨基酸胶囊 8 粒、Muscletech Hydroxycut 胶囊 3 粒
正餐 1（9：00）	10 个蛋清、70 g 燕麦片、GNC 维生素冲剂 1 杯、Animalpak 复合矿物质营养片组合 1 包
正餐 2（12：00）	烤土豆约 300 g、草虾 300 g、蔬菜 500 g
训练前 1 小时（16：00）	Dymatize ISO100 分离式乳清蛋白粉 40 g
训练前 30 分钟（16：30）	BSN N.O.-Xplode 复合能量冲剂 50 g、Muscletech Hydroxycut 胶囊 3 粒、运动饮料 500 mL
力量及有氧训练后（20：00）	Dymatize ISO100 分离式乳清蛋白粉 50 g、烤土豆 200 g
正餐 3（21：00）	龙利鱼排 300 g、蔬菜 500 g、水果约 150 g

注：能量摄入总计：蛋白质 255 g、碳水化合物 230 g、脂肪 25 g（总热量：2165 kcal）。

供能比例：蛋白质：碳水化合物：脂肪 =47.1：42.5：10.4。

表6-3　赛前第16～15周低碳水化合物饮食计划

进食时间	食物及营养补剂
早晨空腹有氧训练前（7：30）	Dymatize 支链氨基酸胶囊 8 粒、Muscletech Hydroxycut 胶囊 3 粒
正餐 1（9：00）	自制蛋清薄饼（含 15 个蛋清，无糖原浆型花生酱 50 g）、GNC 维生素冲剂 1 杯、Animalpak 复合矿物质营养片组合 1 包
正餐 2（12：00）	瘦猪肋排 500 g、瘦猪小排 300 g、蔬菜 500 g
训练前 1 小时（16：00）	Dymatize ISO100 分离式乳清蛋白粉 40 g、无糖维生素饮料 400 mL
训练前 30 分钟（16：30）	BSN N.O.-Xplode 复合能量冲剂 40 g、Muscletech Hydroxycut 胶囊 3 粒

续表6-3

进食时间	食物及营养补剂
力量及有氧训练后（20：00）	Dymatize ISO100 分离式乳清蛋白粉60 g、运动饮料600mL
正餐3（21：00）	三文鱼排350 g、蔬菜500 g
睡前（23：00）	MET-RX 缓释蛋白50 g、Dymatize 支链氨基酸胶囊8粒

注：能量摄入总计：蛋白质377 g、碳水化合物87 g、脂肪142 g（总热量：3135 kcal）。

供能比例：蛋白质：碳水化合物：脂肪=48.1：11.1：40.8。

表6-4 赛前第3～2周低碳水化合物饮食计划

进食时间	食物及营养补剂
早晨空腹有氧训练前（7：30）	Dymatize 支链氨基酸胶囊8粒、Muscletech Hydroxycut 胶囊3粒
正餐1（9：00）	三文鱼排350 g、GNC 维生素冲剂1杯、Animalpak 复合矿物质营养片组合1包
正餐2（12：00）	牛排350 g、蔬菜500 g
训练前30分钟（16：30）	BSN N.O.-Xplode 复合能量冲剂50 g、Muscletech Hydroxycut 胶囊3粒
力量及有氧训练后（20：00）	Dymatize ISO100 分离式乳清蛋白粉50 g
正餐3（21：00）	三文鱼排350 g、蔬菜500 g

注：能量摄入总计：蛋白质260 g、碳水化合物35 g、脂肪115 g（总热量：2215 kcal）。

供能比例：蛋白质：碳水化合物：脂肪=47.0：6.3：46.7。

因为肌肉围度以及比例是裁判打分时的重要评判标准，所以赛前运动员各主要部位的肌肉围度数据对于预测比赛成绩有至关重要的作用，这也是检验备赛期训练、饮食等工作是否高质量完成的重要考量标准之一。

也有研究表明，低碳水化合物饮食结构相对于低脂肪饮食结构具有更加显著的减脂减重效果。[1] 在促进减重的同时，低碳水化合物的饮食结构还可以改善血脂水平。实验研究表明，包含充足维生素以及各种人体所需矿物质的低碳水化合物饮食结构，对于体重减少的幅度大于低脂肪饮食结构对于体重减少的幅度（在这个实验中，使用低碳水化合物饮食计划的实验对象平均减重12 kg，而使用低脂肪饮食计划的实验对象平均减重6.5 kg）。与此同时，使用低碳水化合物饮食计划的实验对象所减去的体脂量明显高于使用低脂肪饮食计划的实验对象所减去的体脂量。并且，使用低碳水化合物饮食计划的实验对象，其甘油三酸酯水平的降低幅度以及高密度胆固醇水平的提升幅度，都远大于使用低脂肪饮食计划的实验对象。[2]

二、对备赛期饮食计划效能评估

受试运动员在低脂肪饮食期的体重、体脂总量以及体脂百分数下降量分别为14 kg、12 kg、9.6%，而在低碳水化合物饮食期以上指标分别为20.2 kg、19.5 kg、15.7%，后者以上指标较前者相对提高了

---

[1] 参见 Gardner C D、Kiazand A、Alhassan S 等《Atkins、Zone、Ornish 和 LEARN 饮食对超重绝经前女性体重改变及相关危险因素影响的比较：一项随机试验（A～Z 减肥研究）》，载《世界核心医学期刊文摘（心脏病学分册）》2007年第8期；Halton Thomas L，Hu F B，"The effects of high protein diets on thermogenesis, satiety and weight loss: A critical review," *Journal of the American College of Nutrition*, 2004, 23(5); Per B Mikkelsen, Søren Toubro, Arne Astrup, "Effect of fat-reduced diets on 24 – h energy expenditure: Comparisons between animal protein, vegetable protein, and carbohydrate," *American Journal of Clinical Nutrition*, 2000, 72(5).

[2] William S Yancy, Maren K Olsen, John R Guyton, et al., "A low-carbohydrate, ketogenic diet versus a low-fat diet to treat obesity and hyperlipidemia: A randomized, controlled trial," *Annals of Internal Medicine*, 2004, 13(8).

44.3%、62.5%、63.5%。低脂肪饮食期的瘦体重损失量为2.0 kg，低碳水化合物饮食期的瘦体重损失量为0.7 kg，后者较前者瘦体重损失量少65%。由此可见，低碳水化合物饮食计划相对于低脂肪饮食计划可以帮助我国高水平健美运动员在备赛期减去更多体脂的同时，更大程度地保留瘦体重并且保证了赛场上运动员的肌肉围度和力度，更适合我国高水平健美运动员在备赛期采用。

　　参与测试的我国高水平健美运动员运用该备赛期的饮食计划，先后获得2008年、2010年、2016年全国健美锦标赛男子项目冠军。

参考文献

[1] 埃文-埃谢. 地下力量训练全书 [M]. 王译飞, 译. 北京: 北京科学技术出版社, 2016.

[2] 陈小平, 褚云芳, 纪晓楠. 竞技体能训练理论与实践热点及启示 [J]. 体育科学, 2014, 34(2).

[3] 陈月亮, 王璇, 赵玉华. 体能概念研究综述 [J]. 体育科学研究, 2009(4).

[4] 程路明, 相建华. 健美健身竞赛裁判研究 [J]. 体育文化导刊, 2016, 10(10).

[5] GARDNER C D, KIAZAND A, ALHASSAN S, 等. Atkins、Zone、Ornish和LEARN饮食对超重绝经前女性体重改变及相关危险因素影响的比较: 一项随机试验（A～Z减肥研究）[J]. 世界核心医学期刊文摘（心脏病学分册）, 2007(8).

[6] 格里尔斯, 萨默斯. 贝尔健身 [M]. 李涵嫣, 译. 北京: 北京日报出版社, 2015.

[7] GOING S, LEE V, BLEW B, 等. 身体成分研究的10大问题 [J]. 北京体育大学学报, 2015, 38(9).

[8] 国际健美联合会. IFBB竞赛指南（适用于业余比赛裁判员、运动员与组织者）[M]. 蒙特利尔: 国际健美联合会, 1987.

[9] 何强. 我国优秀女子摔跤运动员体能特征与评价体系的研究 [D]. 北京: 北京体育大学, 2010.

[10] 侯灿. 医学科学研究入门[M]. 上海：上海科学技术出版社，1981.

[11] 金，舒勒. 肌肉塑造全书[M]. 左继荣，王晓芸，译. 北京：北京科学技术出版社，2015.

[12] 黎涌明. 高强度间歇训练对不同训练人群的应用效果[J]. 体育科学，2015，35(8).

[13] 李庆，王光林. 关于力量训练中负荷量问题的思考和研究：单组训练与多组训练[J]. 体育科学，2004(2).

[14] 李石生. 健美训练中的运动负荷及其因素调节[J]. 天津城建学院学报，1994(4).

[15] 刘晓梅. 青少年运动员的个性特征分析[J]. 山东体育科技，1996(1).

[16] 刘敏，李建英，相建华. 我国男子健美运动员体能特征分析[J]. 成都体育学院学报，2010，36(1).

[17] 蒙大拿. 健美的真相：不为人知的训练秘密[DB/OL]. www.MuscularDevelopment.com.

[18] 彭莉. 置疑最大摄氧量：测试方法与判定标准[J]. 体育科学，2011，31(7).

[19] 邱俊强. 最大摄氧量及其派生指标的研究进展[J]. 北京体育大学学报，2011，34(1).

[20] 沈鹏. 浅析静力拉伸对肌肉围度增长的实验研究[J]. 今日科苑，2010(18).

[21] 施瓦辛格. 施瓦辛格健身全书[M]. 万义兵，费海汀，杨婕，译. 北京：北京科学技术出版社，2012.

[22] 石井直方. 肌肉百科全书[M]. 魏文哲，译. 北京：人民体育出

版社, 2013.

[23] 斯托帕尼. 肌肉与力量: 精准锻炼每一条肌纤维 [M]. 尚书, 译. 北京: 北京科学技术出版社, 2017.

[24] 孙凤龙, 姜立嘉, 董德龙. 我国优秀男子划艇运动员体能训练的实证研究 [J]. 上海体育学院学报, 2014, 3(2).

[25] 孙中俊. 中外优秀十项全能运动员体能和技能特征比较 [J]. 肇庆学院学报, 2012, 33(2).

[26] 田里. 健美男子理想体围比例研究 [J]. 体育科学, 2001(1).

[27] 王保成. 篮球运动员体能训练的评价指标与指标体系的研究 [J]. 中国体育科技, 2002(2).

[28] 王占奇. 健美训练"滞缓期"探析 [J]. 洛阳工业高等专科学校学报, 2006, 16(3).

[29] 相建华, 田振华, 邓玉. 高级健美训练教程 [M]. 北京: 人民体育出版社, 2006.

[30] 相建华, 王莹. 中级健美训练教程 [M]. 北京: 人民体育出版社, 2004.

[31] 相建华, 杨润琴, 尹俊玉. 初级健美训练教程 [M]. 北京: 人民体育出版社, 2003.

[32] 相建华, 张瑛玮, 王东. 塑造金牌健身教练 [M]. 北京: 人民体育出版社, 2008.

[33] 邢文华. 体育测量与评价 [M]. 北京: 北京体育大学出版社, 1985.

[34] 杨世勇, 李遵, 唐照华, 等. 体能训练学 [M]. 成都: 四川科学技术出版社, 2002.

[35] 袁运平. 运动员体能与专项体能的特征研究 [J]. 体育科学,

2004(9).

[36] 张柏然. 新时代英汉大词典[M]. 北京：商务印书馆，2000.

[37] 张先松. 健美模式训练的建模方法再探[J]. 武汉体育学院学报，1996(9).

[38] 张先松. 健身健美运动[M]. 武汉：华中科技大学出版社，2009.

[39] 赵秋爽. 我国优秀铁人三项运动员体能训练的理论与实践研究[D]. 长春：东北师范大学，2011.

[40] 赵少平. 论健美运动的训练方法[J]. 中国科教创新导刊，2010(11).

[41] APPLEBY M. Interval training for weight loss and fitness [M]. NY: Brighter Brains Inc, 2011.

[42] CECIL C. Bodybuilding: from heavy duty to superslow: evolutionary strategies for building maximum muscle [M]. Westminster: Running Deer Software, 2012.

[43] CONTRERAS B. Bodyweight strength training anatomy [M]. Champaign, IL: Human Kinetics, 2013.

[44] DELAVIER F, GUNDILL M. The strength training anatomy workout II [M]. Champaign, IL: Human Kinetics, 2012.

[45] DELAVIER F, GUNDILL M. The strength training anatomy workout [M]. Champaign, IL: Human Kinetics, 2011.

[46] ESTEVE-LANAO J, FOSTER C, SEILER S, et al. Impact of training intensity distribution on performance in endurance athletes [J]. J Strength Cond Res, 2007, 21(3).

[47] ESTEVE-LANAO J, SAN JUAN A F, EARNEST C P, et al. How

do endurance runners actually train? Relationship with competition performance [J]. Med Sci Sports Exerc, 2005, 37(3).

[48] FISKERSTRAND A, SEILER K S. Training and performance characteristics among Norwegian international rowers 1970 – 2001 [J]. Scand J Med Sci Sports, 2004, 14(5).

[49] FORBES G B. Body fat content influences the body composition response to nutrition and exercise [J]. Ann NY Acad Sci, 2010, 904.

[50] HALTON T L, HU F B. The effects of high protein diets on thermogenesis, satiety and weight loss: A critical review [J]. Journal of the American College of Nutrition, 2004, 23(5).

[51] IAIA F M, HELLSTEN Y, NIELSEN J J, et al. Four weeks of speed endurance training reduces energy expenditure during exercise and maintains muscle oxidative capacity despite a reduction in training volume [J]. J Appl Physiol, 2009, 106(1).

[52] IAIA F M, THOMASSEN M, KOLDING H, et al. Reduced volume but increased training intensity elevates muscle Na1-K1 pump alpha1-subunit and NHE1 expression as well as short-term work capacity in humans [J]. Am J Physiol Regul Integr Comp Physiol, 2008, 294(3).

[53] LAURSEN P B, JENKINS D G. The scientific basis for high-intensity interval training: optimising training programmes and maximising performance in highly trained endurance athletes [J]. Sports Med, 2002, 32(1).

[54] MENTZER M. Heavy duty [M]. Redondo Beach, CA: Mentzer-

Sharkey Enterprises, 1993.

[55] MIKKELSEN P B, TOUBRO S, ASTRUP A. Effect of fat-reduced diets on 24-h energy expenditure: Comparisons between animal protein, vegetable protein, and carbohydrate [J]. American Journal of Clinical Nutrition, 2000, 72(5).

[56] MUJIKA I, GOYA A, PADILLA S, et al. Physiological responses to a 6-d taper in middle distance runners: influence of training intensity and volume [J]. Med Sci Sports Exerc, 2000, 32(2).

[57] RAMBOD H. FST-7 Defined DVD [OL]. www.Bodybuilding.com.

[58] SCHWARZENEGGER A, DOBBINS B. The new encyclopedia of modern bodybuilding [M]. NY: Simon & Schuster, 1999.

[59] SCHWARZENEGGER A. Arnold's encyclopedia of modern bodybuilding [M]. NY: Simon & Schuster, 1987.

[60] SEILER S, KJERLAND G. Quantifying training intensity distribution in elite endurance athletes: Is there evidence for an "optimal" distribution? [J]. Scand J Med Sci Sports, 2006, 16(1).

[61] SOANES C, STEVENSON A. Oxford Dictionary of English [M]. UK: Oxford University Press, 2005.

[62] WEIDER J, REYNOLDS B. Joe Weider's ultimate bodybuilding [M]. NY: McGraw-Hill Contemporary, 1989.

[63] WEIDER J. Joe Weider's bodybuilding system / book and charts [M]. NY: Weider Publish, 1988.

[64] WEIDER J. Best of Joe Weider's muscle and fitness: Champion Bodybuilders' training strategies and routines [M]. NY: Contemporary Books, 1982.

[65] WEIDER J. Joe Weider's bodybuilding system [M]. NY: Weider Publish, 2001.

[66] WEIDER J. Joe Weider's muscle and fitness training notebook: an illustrated guide to the best muscle-building [M]. NY: AMI Books. Collector's Edition, 2005.

[67] YANCY W S, OLSEN M K, GUYTON J R, et al. A low-carbohydrate, ketogenic diet versus a low-fat diet to treat obesity and hyperlipidemia: A randomized, controlled trial [J]. Annals of Internal Medicine, 2004, 13(8).

[68] YATES D. Blood and guts [M]. NY: Little-Wolff Pub Group, 1993.

[69] ZATSIORSKY V, KRAEMER W. Science and practice of strength training [M]. 2nd Edition. Champaign, IL: Human Kinetics, 2006.

附 录

附录1 高负荷训练与高强度训练对运动员机体影响指标一览

一、单次训练前后的生理生化指标

皮质醇（C）、血睾酮（TESTO）、血尿素（BUN）、血清肌酸激酶（CK）、血睾酮/皮质醇比值（T/C）。

二、阶段性训练后的指标

（一）生理生化指标

皮质醇（C）、血睾酮（TESTO）、血尿素（BUN）、血清肌酸激酶（CK）、血红细胞数、血红蛋白浓度、血睾酮/皮质醇比值（T/C）。

（二）身体成分

1. 全身骨密度；
2. 脂肪百分比：包括大腿、躯干、腰腹部区域、髋关节区域、全身；
3. 肌肉含量：包括上肢、大腿、躯干、腰腹部区域、髋关节区域、全身；
4. 脂肪含量：包括上肢、大腿、躯干、腰腹部区域、髋关节区域、全身；
5. 全身总质量；
6. 脂肪比率。

三、一般运动能力的指标

（一）区域肌肉力量

峰值力矩平均值、峰值功率平均值、力矩平均值、功率平均值、静力最大力量。

（二）心肺功能

呼吸商、无氧阈心率、持续时间、最大摄氧量。

（三）测试后，10 次重复练习时肌电信号 MAX 和 RMS 均值的变化幅度

肌群 MAX 值平均变化、肌群 RMS 值平均变化。

四、专项运动能力的指标

测试后，运动员再次进行 4 个规定动作造型时肌电测试，指定肌群肌电 MAX 及 RMS 值变化幅度。

五、身体形态的指标

测试前、后受试运动员各部位的围度与比例变化。

附录2 人体骨骼肌示意图

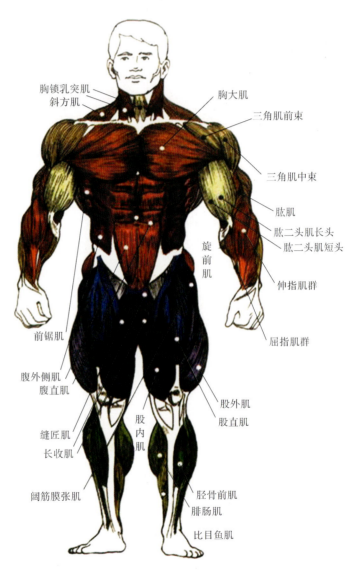

(a) 身体正面肌肉

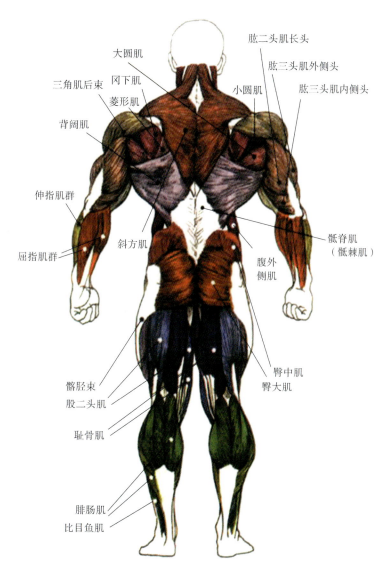

(b) 身体背面肌肉

附录3　男子健美竞赛规定动作造型

运动员自然站立，吸腹挺胸，头部正直，两眼平视，两臂外展垂于体侧，两脚左右开立，各部位肌肉群不得故意收缩。

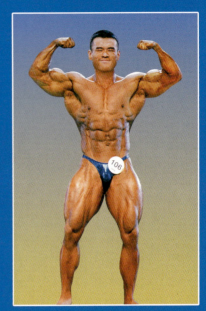

1　前展肱二头肌

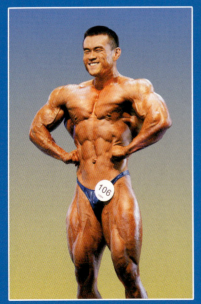

2　前展背阔肌

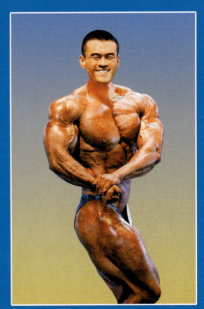

3　侧展胸部

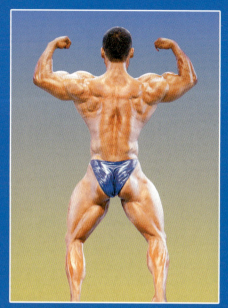

4 后展肱二头肌

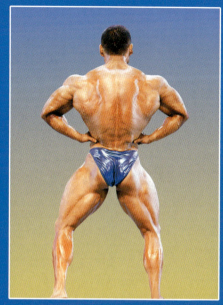

5 后展背阔肌

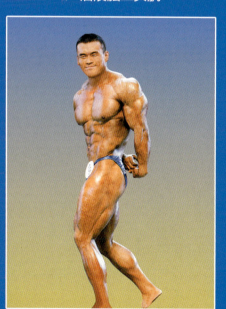

6 侧展肱三头肌

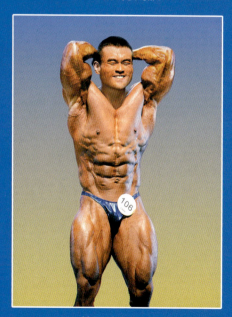

7 前展腹部和腿部

附录4　健美负重训练动作规范示意图

一、训练前热身伸展动作

充分自然

二、肩部训练动作规范

哑铃推举

侧卧平举

反向哑铃过顶侧平举

颈后推举

挺举

器械推举

三、腿部训练动作规范

深蹲

箭步蹲

前蹲

坐姿腿屈伸

腿举

哈克深蹲

四、胸部训练动作规范

哑铃飞鸟

器械飞鸟

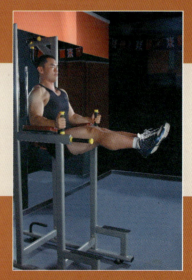

双杠臂屈伸

杠铃平卧推举

仰卧直臂上拉

站姿拉力器夹胸

五、手臂训练动作规范

集中弯举

单臂肱三头肌颈后臂屈伸

仰卧臂屈伸

斜托弯举

训练凳拉力器弯举

器械弯举

六、背部训练动作规范

直腿挺身练习

俯身哑铃划船

单臂哑铃划船

背阔肌器械下拉

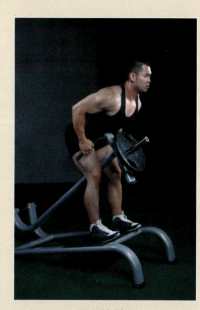

T型划船

坐姿拉力器划船

七、腹部训练动作规范

仰卧卷腹

斜板仰卧起坐

上斜仰卧收腹举腿

直腿侧举

平卧屈膝收腹举腿

转体仰卧起坐

附录 5

◎ 作者科研成果与体育竞赛成绩

一、主讲课程

健身健美运动、专项体能训练、运动损伤与康复。

二、科研成果

（一）核心期刊论文

1. 刘一阳、阎智力：《高水平健美运动员赛前饮食结构研究》，载《西安体育学院学报》2012 年第 5 期，第 594 –598 页。

2. 刘一阳、阎智力：《我国高水平男子健美运动员赛季初期体脂分布特征研究》，载《西安体育学院学报》2013 年第 5 期，第 606 –608 页。

3. 刘一阳：《我国健美运动员身体不同部位肌肉含量特征研究》，载《西安体育学院学报》2015 年第 3 期，第 364 –368 页。

4. 刘一阳、李庆：《优秀男子健美运动员高负荷训练模式研究》，载《西安体育学院学报》2016 年第 3 期，第 378 – 384 页。

5. 刘一阳、李庆：《我国优秀男子健美运动员体能评价模型构建及现状研究》，载《北京体育大学学报》2017 年第 1 期，第 107 –115 页。

6. 刘一阳、李庆：《高强度与高负荷训练对健美运动员机体影响研究》，载《西安体育学院学报》2017 年第 3 期，第 328 – 335 页。

注：《西安体育学院学报》的标准国际刊号（ISSN）1001-747X；《北京体育大学学报》的标准国际刊号（ISSN）1007-3612。

阎智力：华东师范大学教授；李庆：清华大学教授。

（二）研究课题

上海市体育社会科学研究项目，一般项目，项目名称："马拉松对上海城市文化的影响及路径研究"，批准号：TYSKYJ2017076，刘一阳（主持人）、肖焕禹。

（三）专著

刘一阳、刘兴刚：《阳刚健美》，珠海出版社2010年7月出版（230千字），ISBN 978-7-5453-0383-4，中国版本图书馆CIP数据核字（2010）第099361号。

三、体育竞赛获奖

2008年9月，获全国健美锦标赛青年组冠军、上海健美锦标赛冠军。

2010年9月，获全国健美锦标赛男子90+公斤级冠军。

2010年9月，获中国国际健美公开赛男子90+公斤级冠军。

2014年8月，获北京市体育大会健美锦标赛90+公斤级冠军、总冠军。

2016年8月，获世界健美阿诺德传统赛（亚洲区）男子健美组100-公斤级第三名。

2016年8月，获中国健美健身公开赛90+公斤级冠军。

2010年获全国
健美锦标赛男子90+
公斤级冠军

后　　记

　　目前，国内对竞技健美运动训练方面的专题研究不多，特别是对竞技健美运动专项力量训练中负重训练模式的研究非常欠缺。

　　本书立足于竞技健美运动专项力量训练中不同负重训练模式的研究，围绕高负荷量负重训练模式与高强度负重训练模式对于我国优秀男子健美运动员机体的影响，展开多方面的深入探讨，对两个训练系统中的八种训练模式，均通过实验测试进行全方位、多角度的评估。不同于以往对于健美训练方法手段仅仅从肌肉围度、体重等外部指标的变化进行评价。

　　本书重点研究了不同负重训练模式对于运动员内部生理机制的影响，探求各种训练模式对于机体产生影响的本质。而在理论研究与实验方法上，本着多学科、跨项目、互相交叉、融会贯通的思路，除了运用等动测力系统等测试绝对力量的手段，对于运动员训练前后进行身体特定练习最大功率输出的变化进行测试外，还利用双能X射线骨密度及体成分分析仪对受试运动员骨密度与身体成分在训练前后的变化做出评估分析，使得整个测试评价结果更具说服力。业界普遍认为，健美训练对于心肺功能练习要求不高，对于肌肉也主要是关注肌肉力量与围度。本书结合健美运动竞赛的特点，考虑到竞赛环节的规定动作、不定位自由造型动作等环节，肌肉持续发力时间长，对于运动员肌肉伸缩能力和肌耐力有极高要求，而且需要运动员机体具备极高的肌纤维募集能力、协同发力的能力。因此，本书将竞技健美运动员在进行特定动作造型展示时，对于相关肌肉的控制能力，高负荷量负重训练模式与高强度负重训练模式阶段性训练前后，受试运动员心肺功能水平和肌肉耐力水平进行了评价，并且利用多导肌电信号采集系统,测试训练过程中目标肌群的肌电信号强度,同时对于运动员进行造型练习时肌肉的发力情况进行了深入探讨。

负重训练是专项力量训练的核心,而日常训练和备赛期的饮食调控是实现训练目标的重要环节。制定科学的饮食计划,掌握营养搭配的基本知识对健美训练者来说至关重要,训练与饮食二者相辅相成,缺一不可,本书对此也做了专题研判。

总体来说,本书在研究视角、研究方法与研究内容方面都具有一定的特色与创新,力求成为竞技健美运动专项力量负重训练模式方面具有理论与实践意义的读物。

本书在出版过程中,得到了中山大学出版社编辑们的支持和帮助,在此表示衷心感谢!

刘一阳

2020 年 6 月 9 日